**Biomecánica práctica
en el ejercicio físico**

Biomecánica práctica en el ejercicio físico

André Martines de Albuquerque

Traducción
Nylcéa Thereza de Siqueira Pedra
María Estefanía Mañas Cerezo

Rua Clara Vendramin, 58 • Mossunguê • CEP 81200-170 • Curitiba • PR • Brasil
Teléfono: (41) 2106-4170 • www.intersaberes.com • editora@intersaberes.com

Consejo editorial
Dr. Ivo José Both (presidente)
Dr. Alexandre Coutinho Pagliarini
Dr.ª Elena Godoy
Dr. Neri dos Santos
Dr. Ulf Gregor Baranow

Editora jefe
Lindsay Azambuja

Gerente editorial
Ariadne Nunes Wenger

Asistente editorial
Daniela Viroli Pereira Pinto

Edición de texto
Guilherme Conde Moura Pereira

Portada
Laís Galvão (*design*)
Dean Drobot/Shutterstock (imagem)

Proyecto gráfico
Luana Machado Amaro

Diagramadora y *designer* responsable
Luana Machado Amaro

Iconografía
Regina Claudia Cruz Prestes

Datos Internacionales de Catalogación en la Publicación (CIP)
(Câmara Brasileira do Livro, SP, Brasil)

Albuquerque, André Martines de
  Biomecânica práctica en el ejercicio físico/André Martines de Albuquerque; tradução Nylcéa Thereza de Siqueira Pedra e María Estefanía Mañas Cerezo. Curitiba: Editora Intersaberes, 2021.

  Título original: Biomecânica prática no exercício físico
  Bibliografia.
  ISBN 978-85-227-0354-8

  1. Biomecânica 2. Exercícios físicos 3. Exercícios físicos – Aspectos fisiológicos I. Título.

21-71543   CDD-613.71

Índices para catálogo sistemático:

1. Biomecânica: Exercícios físicos: Educação física   613.71

Cibele Maria Dias – Bibliotecária – CRB-8/9427

1ª edición, 2021.

Fue hecho el depósito legal.

Informamos que es de total responsabilidad del autor la emisión de conceptos.

Ninguna parte de esta publicación podrá reproducirse por cualquier medio o forma sin la autorización previa de la Editorial InterSaberes.

La violación de los derechos de autor es un crimen establecido en la Ley n. 9.610/1998 y sancionado por el art. 184 del Código Penal.

Sumario

Presentación · 15
Cómo aprovechar al máximo este libro · 17

Capítulo 1
Bases biomecánicas aplicadas al cuerpo humano · 21
1.1 ¿Qué es la biomecánica? · 24
1.2 Análisis cinemático · 27
1.3 Análisis cinético · 32
1.4 Biomecánica de los huesos y de las articulaciones · 33
1.5 Biomecánica del músculo esquelético · 45

Capítulo 2
Biomecánica aplicada al core · 55
2.1 Concepto y anatomía del *core* · 58
2.2 Biomecánica de la columna vertebral · 61
2.3 Estructura funcional de la columna · 77
2.4 Funciones del *core* · 79
2.5 Patologías comunes en la columna · 84

Capítulo 3
Biomecánica aplicada al hip core · *95*

    3.1 Concepto y anatomía del *hip core* · 98
    3.2 Biomecánica de la pelvis, cadera y rodilla · 100
    3.3 Estructura funcional del *hip core* · 117
    3.4 Patologías comunes en la cadera · 125
    3.5 Patologías comunes en la rodilla y en el tobillo · 130

Capítulo 4
Biomecánica aplicada al shoulder core · *141*

    4.1 Concepto y anatomía del *shoulder core* · 144
    4.2 Biomecánica del hombro y del codo · 148
    4.3 Estructura funcional del *shoulder core* · 155
    4.4 Patologías comunes en el hombro · 165
    4.5 Patologías comunes en el codo y en el puño · 174

Capítulo 5
Los cuatro pasos para el análisis biomecánico visual en los ejercicios · *183*

    5.1 Paso 1 – visión 2D (plano de movimiento) · 186
    5.2 Paso 1 – visión 2D (ejes articulares) · 192
    5.3 Paso 2 – vector de fuerza de la resistencia · 196
    5.4 Paso 3 – brazo de momento o brazo de torque · 204
    5.5 Paso 4 – análisis biomecánico · 208

Capítulo 6
 Análisis biomecánico funcional · *219*
  6.1 Análisis biomecánico de ejercicios monoarticulares: miembros superiores · 222
  6.2 Análisis biomecánico de ejercicios multiarticulares: miembros superiores · 227
  6.3 Análisis biomecánico de ejercicios monoarticulares: miembros inferiores · 231
  6.4 Análisis biomecánico de ejercicios multiarticulares: miembros inferiores · 234
  6.5 Análisis biomecánico de ejercicios de tronco · 239

Consideraciones finales · 251
Referencias · 253
Bibliografía comentada · 263
Soluciones · 265
Sobre el autor · 269

A mis queridos padres, Dolores e Wilson,
por toda la dedicación para proporcionarme
la mejor educación, ética y respeto al
trabajo. Es increíble cómo el tiempo me
hizo advertir cuánto la creación de ustedes
me dio la oportunidad de crecer personal y
profesionalmente y ser mejor cada día.
Mi eterna gratitud a los dos.

A mi hija Lara, las risas más sinceras y el abrazo
más amoroso que ya probé.

En primer lugar le agradezco a Dios la fuerza y el valor durante este largo camino.

A los profesionales de la salud, en especial a los profesores de educación física y fisioterapeutas, que me instigan a buscar los más diversos conocimientos y me desafían a explicarlos de manera más sencilla y asequible. Creo que la comprensión sobre determinado conocimiento nos da libertad y esa es la base para el éxito.

"Cuanto más aumenta nuestro conocimiento, mayor se revela nuestra ignorancia".

John F. Kennedy

Presentación

Desde mi vivencia práctica, inicialmente como profesor en salas de musculación, *personal trainer* y propietario de empresas en el área de la salud y, posteriormente, como ponente en cursos en Brasil y en el extranjero, conocí parte de la actual realidad en el mercado laboral vivida por los profesionales de educación física y de fisioterapia.

Pese a los diferentes abordajes sobre biomecánica recibidos por dichos profesionales durante los años de facultad y en algunas especializaciones, es consensuado que existe cierta distancia entre lo que aprenden en la teoría sobre el tema y qué es posible utilizar en sus prácticas profesionales.

Con el objetivo de hacer que la biomecánica sea más cercana al día a día de trabajo, este libro presenta desde detalles básicos y fundamentales para la comprensión de esa materia hasta formas más avanzadas de evaluación y comprensión sobre el área para la identificación de detalles prácticos en ejercicios que proporcionarán más seguridad y eficiencia para su prescripción.

En el Capítulo 1, abordamos la biomecánica bajo el enfoque de la física básica y de su aplicabilidad en el cuerpo humano, destacando particularidades de la estructura ósea y muscular. En los Capítulos 2, 3 y 4, evidenciamos tres núcleos esenciales para el conocimiento del profesional de la salud. Estos núcleos se presentan en prácticamente todos los movimientos/ejercicios, unas veces de modo más sintético, abarcando solamente una región, y otras de forma más global, en las que todos los núcleos integran el movimiento. Dominar las propiedades y las características del *core* (núcleo de la región abdominal), del *hip core* (núcleo de la cadera) y del *shoulder core* (núcleo del hombro) permite una interpretación singular del cuerpo humano y su relación con la ejecución de los ejercicios.

Nos ocupamos, en el Capítulo 5, de un método de análisis biomecánico visual presentado en cuatro pasos para facilitar la comprensión de la relación entre ejercicios y reclutamiento muscular, así como la utilización de ese análisis para interpretar y adaptar actividades según el objetivo e individualidades del cliente.

Finalmente, en el Capítulo 6, seleccionamos algunos ejercicios de miembros superiores, inferiores y de tronco para realizar un análisis biomecánico en algunas situaciones, enfatizando los riesgos y beneficios de esos movimientos en las estructuras óseas y articulares y, en otros casos, destacando las fuerzas externas aplicadas y las maneras de manipularlas para obtener el beneficio deseado con el ejercicio.

Destacamos que los temas aquí tratados deberán servir de estímulo para que usted se profundice en sus conocimientos de biomecánica y busque conocimientos actualizados sobre esa temática del ejercicio físico. Constantemente se contestan conceptos y creencias en el área de la salud y de la biomecánica mediante nuevas investigaciones, y solamente el estudio y la actualización de los profesionales podrá seguir la ciencia y valorar nuestros oficios.

Cómo aprovechar al máximo este libro

Empleamos en esta obra recursos que tienen como objetivo enriquecer el aprendizaje, facilitar la comprensión de los contenidos y hacer la lectura más dinámica. A continuación, va a conocer cada una de esas herramientas y sabrá cómo están distribuidas a lo largo de este libro para hacer buen uso de ellas.

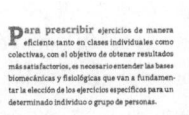

Introducción del capítulo

En la apertura del capítulo, informamos sobre los temas y los objetivos de aprendizaje que abarcaremos, haciendo consideraciones preliminares sobre el enfoque temático.

Síntesis

Al final de cada capítulo, relacionamos las principales informaciones abordadas a fin de que evalúe las conclusiones a las que llegó, confirmándolas o redefiniéndolas.

Actividades de autoevaluación

Presentamos cuestiones objetivas para que pueda comprobar su grado de asimilación de los conceptos analizados, motivándose para seguir con el estudio.

Actividades de aprendizaje

Cuestiones para reflexionar

1. Al procurar variaciones de ejercicios para los clientes, nos deparamos muchas veces con movimientos muy diferentes de los convencionales. Criticar estos movimientos sin base científica solamente porque se salen del patrón que conocemos, no agrega valor a nuestra profesión, que utiliza el ejercicio como fundamento para crear estímulos, independientemente del movimiento que se esté ejecutando. Reflexione sobre algunas variaciones que son comúnmente criticadas y observe si las críticas tienen base científica o si simplemente cuestionan el movimiento porque salen del patrón común. Utilice las bases biomecánicas para justificar la utilización o no utilización de estos ejercicios.

2. En cada momento que estudiamos y conocemos más el cuerpo humano y sus diversas características, observamos las innumerables posibilidades que aún desconocíamos. La ciencia que estudia el cuerpo, cada día, identifica nuevas posibilidades y, muchas veces, no está de acuerdo con lo que se afirmó en el pasado. Es muy sensato y prudente reflexionar sobre las diversas alternativas pues, si usted afirma con vehemencia alguna situación sin disponerse a lo nuevo, puede estar ignorando otras posibilidades y descubrimientos. Es válido repensar algunas creencias sobre el ejercicio físico e, incluso, sobre frases relacionadas con la ejecución de un ejercicio específico que repetimos en el día a día del trabajo. Observe si estas creencias y frases tienen una buena base científica para que se difundan.
¿Sabríamos explicar, en detalle, qué ocurre en estos ejercicios y cuál es la base biomecánica para dichas afirmaciones?

Actividades de aprendizaje

Aquí presentamos cuestiones que acercan conocimientos teóricos y prácticos con el objetivo de que analice críticamente un determinado tema.

Bibliografía comentada

LEAL, L.; MARTÍNEZ, D.; RIESO, S. **Fundamentos de la mecánica del ejercicio**. Barcelona: Resistance Institute, 2012.
En este libro, los autores tratan la biomecánica de una manera sencilla y muy práctica. Se diferencia de los demás libros de biomecánica con imágenes y abordajes de fácil comprensión y una visión específica de las bases de la mecánica del ejercicio físico, abarcando los fundamentos de las fuerzas, de los sistemas de palancas y de los controles articular y muscular.

HALL, S. J. **Biomecánica básica**. 6. ed. Rio de Janeiro: Guanabara, 2013.
La autora, en este libro, hace un abordaje de conceptos básicos de la biomecánica y avanza hacia conceptos de la física empleados, principalmente, en los deportes y en el alto rendimiento.

HAMILL, J.; KNUTZEN, K. M.; DERRICK, T. R. **Bases biomecánicas do movimento humano**. 4. ed. São Paulo: Manole, 2016.
Este libro presenta una visión abarcadora sobre la mecánica del cuerpo humano, auxiliando a los lectores en la comprensión y la incorporación de estas bases en sus prácticas profesionales.

Bibliografía comentada

En esta sección, comentamos algunas obras de referencia para el estudio de los temas vistos a lo largo del libro.

Capítulo 1

Bases biomecánicas aplicadas al cuerpo humano

Para prescribir ejercicios de manera eficiente tanto en clases individuales como colectivas, con el objetivo de obtener resultados más satisfactorios, es necesario entender las bases biomecánicas y fisiológicas que van a fundamentar la elección de los ejercicios específicos para un determinado individuo o grupo de personas.

En este capítulo, abordaremos la base biomecánica fundamental para todo profesional de la salud. Comprender todos los detalles de esa base dará credibilidad y seguridad en la prescripción de ejercicios físicos, preservando esa estructura fantástica que es el cuerpo humano.

1.1 ¿Qué es la biomecánica?

La palabra *biomecánica* puede dividirse en dos partes: *bio*, que se refiere de manera amplia a los seres vivos, y *mecánica*, parte de la física que estudia el movimiento de los cuerpos. Por lo tanto, podemos definir *biomecánica* como el estudio de los conceptos de la mecánica aplicados a los seres vivos. En este libro, utilizaremos la mecánica para estudiar específicamente los movimientos del cuerpo humano. En la mecánica, dos ramas estudian el movimiento bajo diferentes perspectivas: (1) la *estática*, que es el estudio de los sistemas en estado de constante movimiento, es decir, cuando están en reposo o en velocidad constante, y (2) la *dinámica*, que estudia los sistemas en los cuales la aceleración está presente (Hall, 2013).

La *cinemática* y la *cinética* son otras subdivisiones del estudio de la biomecánica. Cuando analizamos la velocidad, la aceleración o la posición de los segmentos sin atender a las causas o a las fuerzas que generaron el movimiento, utilizamos la cinemática; mientras que la cinética estudia justamente las fuerzas que generaron los movimientos como torques musculares o fuerzas externas (p.ej.: una mancuerna o una tobillera deportiva), además de las presiones intraarticulares.

Figura 1.1 Subdivisiones del estudio de la biomecánica

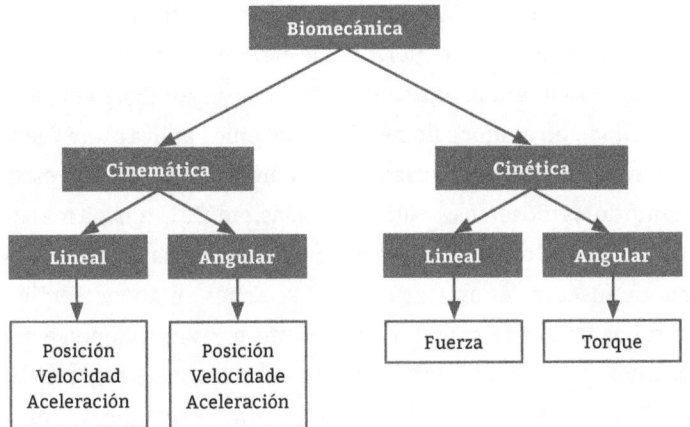

Un ejemplo de **análisis cinemático** es el estudio de los ángulos de flexión de la rodilla durante la carrera o la velocidad lineal del centro de gravedad durante un salto de longitud. Observe que, en esos casos, no se estudian las fuerzas que hicieron la flexión de la rodilla ni tampoco las que movieron el centro de gravedad del cuerpo, se describen solamente las características de las variables *ángulo* y *velocidad*.

Por otra parte, un ejemplo de **análisis cinético** es la evaluación de la diferencia del torque producido por una tobillera deportiva atada a la altura de la rodilla o de la tibia durante el ejercicio de flexión de cadera en decúbito supino o, incluso, el estudio de la fuerza de reacción del suelo incidiendo sobre el pie de un sujeto que realiza un salto o una sentadilla.

A pesar de que, en el análisis cinemático, no estudiemos las fuerzas que actúan en el cuerpo humano, es importante entender que siempre están presentes en esa estructura. Necesariamente, la prescripción de cualquier ejercicio físico está relacionada con la aplicación de fuerzas al cuerpo humano, independientemente del objetivo del alumno: aumentar fuerza muscular, propiocepción, flexibilidad, hipertrofia muscular, etc., es decir, la aplicación de fuerzas es el estímulo fundamental para generar esas adaptaciones en el cuerpo. Por ejemplo, para ganar flexibilidad en el músculo pectoral, podemos aplicar una fuerza externa en abducción horizontal de hombro, que causará estiramiento de los músculos, tendones, fascias, etc. De la misma manera, una de las posibilidades para generar hipertrofia en ese mismo grupo muscular es aplicar fuerzas externas en abducción horizontal de hombro y solicitar que los músculos reaccionen a esas acciones, provocando las adaptaciones musculares al ejercicio.

Eso quiere decir que las herramientas esenciales del profesional de la salud son las **fuerzas**, lo que nos hace pensar cuán importante es el estudio de la biomecánica para todos los profesionales. Por ejemplo, una fuerza aplicada de manera perpendicular al hueso radio producirá un estímulo para el bíceps o el tríceps (dependiendo de la dirección de esa fuerza exterior), pero también, según el tiempo de aplicación, intensidad, frecuencia, descanso y amplitud articular, permitirán generar hipertrofia, flexibilidad o incluso una lesión muscular. En ese punto, se encuentra la aplicación práctica de la biomecánica en el entrenamiento con resistencias: estudio, comprensión y aplicación adecuada de las fuerzas en el cuerpo humano, que permitirán al profesional determinar el beneficio y el riesgo de esas acciones, considerando el objetivo del cliente y sus necesidades reales.

Sin embargo, observamos que la comprensión sobre la importancia del estudio de la biomecánica aplicada a la práctica aún no es realidad para la gran mayoría de los profesionales de la salud. Una buena analogía es la reflexión sobre cuánto estudia un ingeniero fuerzas para poder crear, por ejemplo, un puente con estructura sólida y segura para sostener otras fuerzas que actúan sobre él, como los coches y el viento; y cuánto estudian los profesionales de la salud fuerzas aplicadas al cuerpo humano para desarrollar una estructura ósea, articular y muscular resistente y que soporte otras fuerzas que actúan sobre ellas, como la fuerza de la gravedad, las fuerzas de los accesorios en el entrenamiento y de los ejercicios elegidos.

Habitualmente, un ingeniero estudia mecánica por mucho tiempo, mientras que los profesionales de la salud aún no se dieron cuenta de la importancia del aprendizaje exhaustivo sobre el tema para la estructura corporal.

Si la aplicación de las fuerzas es la base para crear estímulos en el cuerpo humano, también es fundamental saber cuáles son las que actúan sobre los cuerpos:

- **Fuerzas externas**: fuerzas que son observadas externamente al cuerpo humano. P. ej.: gravedad y fricción.
- **Fuerzas internas**: fuerzas que tienen origen dentro del cuerpo humano. P. ej.: fuerzas musculares y articulares.

Aunque no sea posible ver esas fuerzas durante los ejercicios, siempre estarán presentes y serán las responsables de las adaptaciones en nuestro cuerpo. Si el profesional de la salud es capaz de estudiar y manipular estratégicamente esas fuerzas aplicadas, así como de conocer la estructura humana y su adecuada respuesta neuromuscular y articular a esas fuerzas, habrá encontrado el camino al conocimiento de la biomecánica aplicada al ejercicio (Leal; Martinez; Sieso, 2012).

1.2 Análisis cinemático

La cinemática cuida de la descripción de los movimientos sin preocuparse por las fuerzas que los produjeron. Puede dividirse en: lineal, angular y general (cuando hay una combinación de componentes de movimientos lineales y angulares). En muchas situaciones, para hacer un análisis detallado de los movimientos es útil descomponer movimientos más complejos en componentes lineales y angulares.

El análisis cinemático, principalmente con videos, actualmente es muy utilizado para estudiar movimientos deportivos relacionados con la *performance*, en la cual los detalles marcan la diferencia para la obtención de medallas e incluso récords.

En la cinemática lineal, es posible describir el movimiento rectilíneo o curvilíneo de un objeto o persona. Para ello, es necesario uno o varios puntos fijos de referencia que proporcionen un sistema de coordenadas para el análisis. Por ello, se hace imprescindible que se registren las coordenadas en videos, incluso en el campo de filmación, pues proporcionarán las métricas relacionadas con aquel espacio. Ese sistema de coordenadas puede ser tanto bidimensional (2D) como tridimensional (3D).

Usamos un sistema de referencia 2D cuando el movimiento descrito es plano, es decir, cuando el objeto o el cuerpo está en movimiento hacia arriba o hacia abajo (verticalmente), o hacia la derecha o izquierda (horizontalmente). Un ejemplo es el análisis de la velocidad media de movimiento de articulación de la rodilla durante una sentadilla.

Figura 1.2 Análisis de la velocidad media de movimiento de la rodilla en la sentadilla

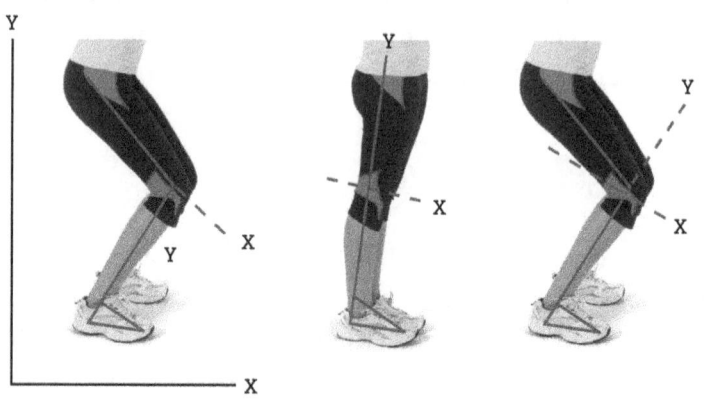

Para definir algunas variables cinemáticas, es común utilizar la fórmula:

V (m/s) = distancia recorrida (m) / tiempo (s)

V = 0,30 / 6

V = 0,05 m/s

Otra fórmula asociada a los análisis cinemáticos es la de la aceleración media, en la cual:

A (m/s^2) = velocidad (m/s) / tiempo (s)

A = 0,05 / 6

A = 0,0083 m/s^2

En el caso de que exista la aducción de cadera durante ese movimiento de sentadilla, resulta necesario un análisis en tres dimensiones para identificar el movimiento en profundidad. Normalmente, se utilizan varias cámaras y *softwares* avanzados de reconocimiento 3D para realizar ese tipo de observación y, desafortunadamente, dichos accesorios no son tan asequibles económicamente, por ello, solamente se encuentran en los laboratorios de universidades y clínicas especializadas.

La cinemática angular describe el movimiento angular de los cuerpos, que se produce en torno a un eje de rotación, pero no considera las fuerzas que causaron el movimiento. Prácticamente todos los movimientos humanos abarcan la rotación de los segmentos del cuerpo que giran alrededor de los centros articulares. En estudios biomecánicos, existen dos tipos de ángulos calculados: el ángulo absoluto y el relativo.

El **ángulo absoluto** se refiere a la medida de la inclinación de un segmento corporal a partir de una referencia fija en el ambiente. Generalmente, la referencia es una línea horizontal a la derecha de la extremidad distal del segmento, y se mide el ángulo en la dirección antihoraria a partir de la línea (Figura 1.3).

Figura 1.3 Evaluación del ángulo absoluto articular durante una carrera

El **ángulo relativo** es la medida angular entre ejes longitudinales de dos segmentos, que también puede llamarse *ángulo articular*. De ese modo, el ángulo relativo puede describir la cantidad de flexión y de extensión en la articulación, pero no describe la posición de los segmentos o los lados del ángulo en el espacio.

La posición inicial de los segmentos, que también se denomina *posición cero*, se describe a partir de la *posición inicial fundamental* (Figura 1.4). Por ejemplo, siempre que exista una flexión de codo, independientemente de la posición del cuerpo, se describirá el ángulo del movimiento a partir de la posición cero que, en este caso, es la extensión total del codo. Es más interesante utilizar la posición inicial fundamental en relación con la posición anatómica, pues la posición fundamental simplemente reorienta la articulación radiocubital, llevándola a una posición neutra con las palmas de las manos direccionadas a los muslos.

Figura 1.4 Diferencias entre la posición inicial fundamental y la posición inicial anatómica del cuerpo humano

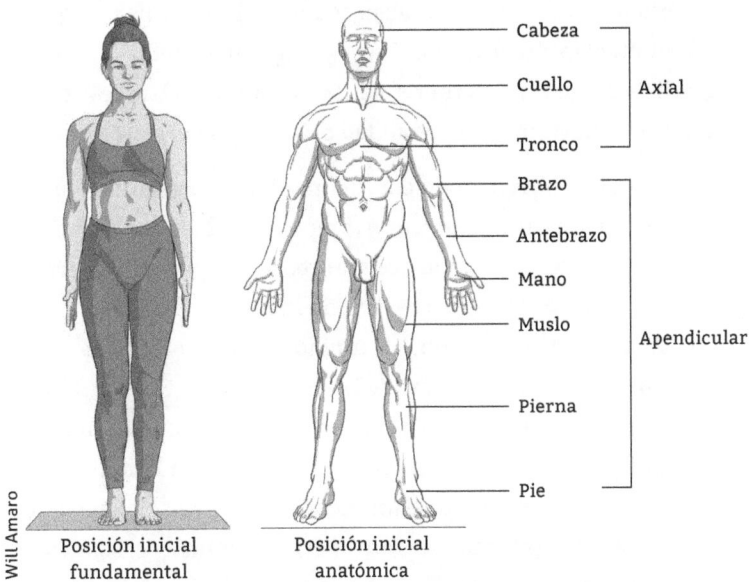

Posición inicial fundamental

Posición inicial anatómica

En el ejemplo de la sentadilla, el ángulo relativo de las articulaciones de la cadera y de la rodilla aparece representado en la Figura 1.5, que aparece a continuación.

Figura 1.5 Evaluación del ángulo relativo de algunas articulaciones en la sentadilla

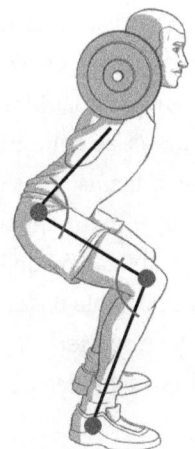

1.3 Análisis cinético

La cinética estudia las fuerzas asociadas al movimiento, que también pueden dividirse en lineal y angular. Cuando se trata de análisis de fuerzas, es fundamental recordar las tres leyes de Newton, que permiten aplicabilidad práctica en los ejercicios:

- **1ª Ley – Inercia**: todo cuerpo mantiene su estado actual de movimiento, bien sea de inmovilidad, bien sea de movimiento, en velocidad constante, salvo que otra fuerza externa aplicada sobre él pueda modificar ese estado.
- **2ª Ley – Aceleración**: el cambio de movimiento es proporcional a la magnitud de la fuerza incidente. El cambio ocurre en la dirección de la línea recta en la cual se aplica la fuerza y es inversamente proporcional a la masa del cuerpo. Esa ley produce una ecuación que relaciona todas las fuerzas (F) actuantes en determinado cuerpo, su masa (m) y su aceleración (a):

$\sum F = m \times a$

- **3ª Ley – Acción y reacción:** cuando un cuerpo ejerce una acción sobre otro, el segundo promueve una fuerza de reacción de la misma magnitud, pero en dirección contraria sobre el primer cuerpo.

Durante los ejercicios físicos, las fuerzas se aplican en las estructuras y, la mayoría de las veces, generan una fuerza en rotación alrededor de los ejes articulares. Esa fuerza que provoca rotación alrededor de un eje se denomina *torque*, estudiado por la cinética angular. Las mismas leyes de Newton se aplican en los sistemas de palancas y, solamente con la comprensión real de esas tres leyes y de la aplicación de los principios de la física en el cuerpo humano, es posible observar los ejercicios de una manera más profunda y en su esencia. Cuando hacemos alusión a la *esencia*, nos referimos a la idea de que el ejercicio físico no es más que la aplicación de fuerzas y, consecuentemente, de los principios de la física al cuerpo humano, es decir, si no hay fuerzas aplicadas, no hay ejercicio.

1.4 Biomecánica de los huesos y de las articulaciones

Los huesos representan la parte pasiva del aparato locomotor humano, puesto que quienes los mueven son los músculos insertados en las estructuras correspondientes. A pesar de ello, el tejido óseo es una estructura dinámica viva, pues las condiciones ambientales que le son impuestas generarán sus adaptaciones positivas o negativas a lo largo de la vida. Estudiar y entender las fuerzas aplicadas a esas estructuras, bien en el día a día, bien en el ejercicio físico, le permitirán al profesional de la salud ofrecerle a su cliente una prescripción más eficiente.

Aunque no sea posible visualizar los huesos a simple vista durante una asistencia, el estudio de las características anatómicas y de eventuales adaptaciones óseas a cuestiones ambientales y/o genéticas permitirá la interpretación de los riesgos y de los beneficios de cada ejercicio aplicado a los diferentes cuerpos humanos. Es interesante destacar que, del mismo modo que los huesos más aparentes del cuerpo humano son muy diferentes entre las personas (p.ej.: el tamaño de los dedos de la mano, el formato del cráneo y de la faz), los no tan superficiales también lo serán (p.ej.: el acetábulo, la cavidad glenoidea, los epicóndilos del fémur). Lo que destaca la importancia de la interpretación del profesional de la salud sobre cuestiones individuales y toda la responsabilidad en la orientación de los ejercicios físicos, con la máxima especificidad posible para cada cliente.

1.4.1 Función del tejido óseo

El sistema esquelético consiste en huesos, ligamentos, cartílagos y articulaciones del cuerpo, pero los huesos constituyen la mayor parte de las estructuras de ese sistema.

Las articulaciones, consideradas las intersecciones entre los huesos, mantienen la funcionalidad de toda la estructura. Los principales huesos y articulaciones del cuerpo humano aparecen representados en la Figura 1.6.

Figura 1.6 **Esqueleto**

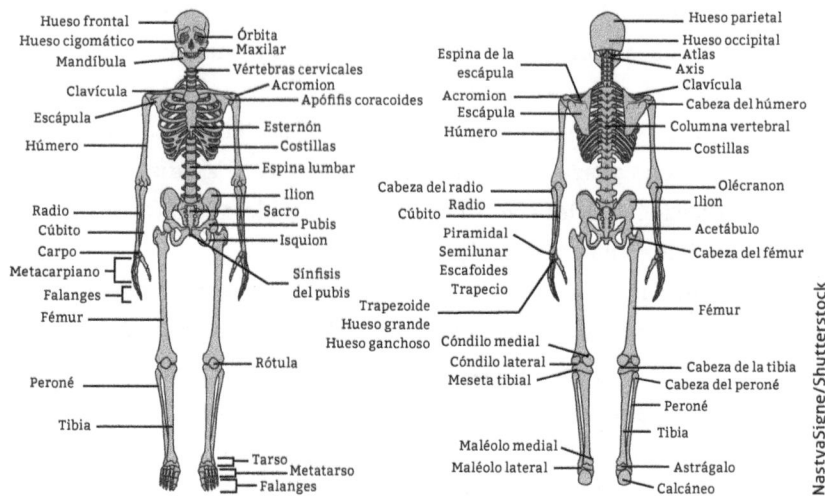

Entre las funciones del sistema esquelético están las de soporte estructural, protección, movimiento a través de palancas, además de almacenamiento y formación de células sanguíneas:

■ **Soporte estructural**

El esqueleto humano proporciona la mayor parte del soporte estructural y permite mantener la postura incluso cuando aplicamos grandes fuerzas externas sobre él. Como en una pirámide, en la que la base necesita ser más ancha para mantener/equilibrar la cima, nuestro sistema óseo también tiene ese tipo de formato.

Al comparar las vértebras lumbares (más grandes) en relación con las cervicales o el fémur en relación con el húmero, es posible identificar esa relación.

- Protección

Muchos órganos internos, como el cerebro, el corazón, las vísceras o los órganos del aparato reproductor, están protegidos por estructuras óseas, como el cráneo, las costillas y la cadera. Esos huesos aportan una mezcla de protección y función para la supervivencia del cuerpo humano.

- Palancas

El sistema esquelético forma las palancas que se mueven a partir de las fuerzas internas (p.ej.: el músculo) y externas aplicadas sobre él. La función del sistema de palancas del esqueleto es permitir los movimientos, además de ampliar su fuerza y/o velocidad. Más adelante discutiremos exhaustivamente el sistema de palancas del sistema óseo.

- Formación de las células sanguíneas

Otra función del sistema esquelético es la formación de las células sanguíneas. El proceso ocurre en el interior de los huesos y se denomina *hematopoyesis*.

1.4.2 Composición del tejido óseo

En la composición de los huesos, es posible identificar una capa más superficial y compacta denominada *tejido óseo cortical*, y otra más profunda y porosa, denominada *tejido óseo esponjoso*. Alrededor de un 80% del peso óseo total corresponde al hueso cortical, lo que revela la importancia del sistema óseo, principalmente para el soporte estructural, el movimiento y la protección.

Figura 1.7 **Capas del tejido óseo**

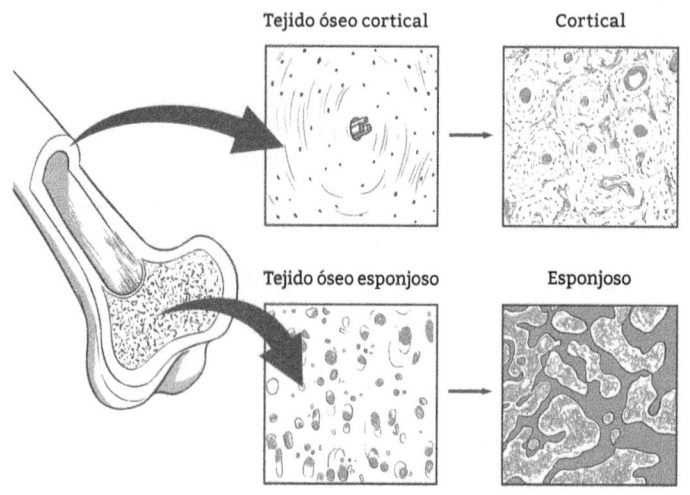

El tejido óseo es extremadamente fuerte debido a la asociación de elementos orgánicos, como el colágeno, e inorgánicos, como los minerales fosfatos y calcio. Esa combinación es responsable de aproximadamente entre un 60% y un 70% del tejido óseo, mientras que el agua (masa sanguínea) representa entre un 25% y un 30% del tejido óseo (Robling et al., 2002). El colágeno es el responsable de la flexibilidad y la elasticidad, y los minerales óseos proporcionan rigidez y resistencia a la compresión (Navarro; Sutton, 1985). Con la edad, los elementos orgánicos disminuyen gradualmente, haciendo que los huesos sean frágiles y menos flexibles. En consecuencia, el riesgo de fracturas aumenta y el proceso de recuperación es más lento.

1.4.3 Formación y adaptación del tejido óseo

El tejido óseo sufre modificaciones constantes a lo largo de los años de vida, y los elementos que marcan esos cambios se clasifican como modelado y remodelado óseo. El modelado es la formación o aumento de hueso nuevo, y el remodelado abarca la reabsorción y el depósito (reformación) de tejido óseo ya existente.

El remodelado es un proceso continuo que ocurre cuando el viejo tejido óseo es destruido y reabsorbido por las células denominadas *osteoclastos* y, a continuación, las células denominadas *osteoblastos* realizan la síntesis y la construcción del tejido óseo en esa región. La secuencia de los eventos del remodelado se conoce como ARF (activación/reabsorción/formación). El proceso de deposición del nuevo hueso dura tres veces más tiempo que la reabsorción, lo que equivale a un intervalo de tiempo de una semana entre la reabsorción y la formación (Martin et al., 2015).

Durante los ejercicios físicos, se produce un estrés en los tejidos óseos oriundos de las fuerzas mecánicas que les son impuestas a través de, por ejemplo, la carga de las pesas, de la barra o del impacto (reacción) del suelo durante la carrera. Son estímulos necesarios para iniciar el proceso de remodelado, pues, al igual que en la masa muscular, generan fatiga (pérdida de masa y rigidez) y microrroturas, promoviendo el inicio del proceso. En el caso de que el daño sea excesivo y el remodelado no logre seguir las demandas de la reparación, puede producirse incluso una fractura. Sin embargo, esa cantidad de estímulo para generar las adaptaciones adecuadas y no sufrir una lesión es algo individual, indicando, una vez más, la importancia del conocimiento del profesional de la salud sobre el estímulo y el tiempo de recuperación de esos procesos para la adecuada periodización del entrenamiento.

1.4.4 Biomecánica aplicada al sistema esquelético

Cuando iniciamos los estudios sobre biomecánica, comúnmente los dibujos y las demostraciones prácticas se representan mediante barras, fulcros y fuerzas de un sistema de palancas tradicional, como, por ejemplo, una barra de hierro apoyada sobre un objeto (formando un fulcro) y otro objeto produciendo fuerza sobre esta barra (Figura 1.8).

Figura 1.8 Barra, fulcro y fuerzas de un sistema de palancas tradicional

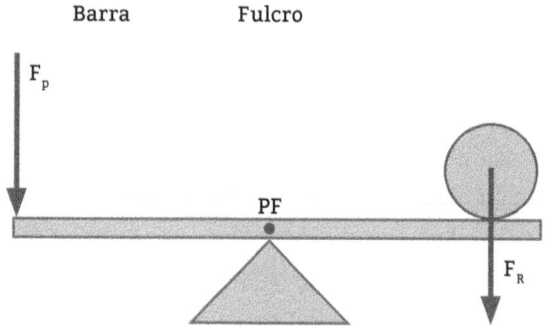

En estos casos, tenemos que ser coherentes al transferir ese conocimiento al cuerpo humano, pues el sistema de palancas humano posee características que difieren de los sistemas de palanca tradicional, principalmente en lo que se refiere al fulcro.

Un *sistema de palancas* no es más que la unión de dos o más estructuras, segmentos o cuerpos. Cuando las estructuras entran en contacto y, de alguna manera, se interrumpe el movimiento de traslación de una de ellas, podemos considerar que hay un sistema de palanca. Alrededor de ese contacto/interrupción existirá un movimiento, o potencial movimiento, de rotación (Figura 1.9).

Figura 1.9 Representación de la formación de un sistema de palancas

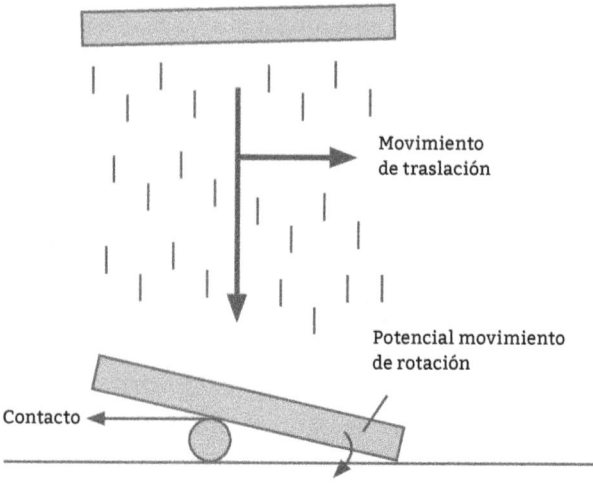

En el cuerpo humano, los huesos son las barras de un sistema de palancas y el potencial contacto entre ellos proporcionará posibles movimientos de rotación. Por ejemplo, el encuentro del fémur con la tibia, así como el de dos vértebras, forma un sistema de palancas. La diferencia reside en el formato óseo y de contacto entre ellos, que permitirá la realización de movimientos distintos en las articulaciones.

En el contacto de dos estructuras óseas, encontraremos el eje o fulcro, uno de los detalles más importantes para iniciar el análisis biomecánico en el Capítulo 5. Se considera el eje una línea recta, real o imaginaria, que atraviesa un cuerpo y alrededor de la cual el cuerpo efectúa, o puede efectuar, un movimiento de rotación. En el cuerpo humano, esos ejes no son exactamente fijos durante los movimientos porque los formatos óseos difieren, por ejemplo, de una bisagra de metal, en la cual el eje no cambia de posición incluso con el movimiento de las barras (Figura 1.10).

Figura 1.10 Eje de la bisagra de metal que no cambia de posición

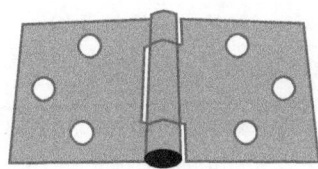

otra imagen con la bisagra cerrada y el eje en la misma posición

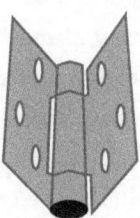

En la Figura 1.11, que aparece a continuación, podemos verificar el desplazamiento del eje de la rodilla durante la flexión/extensión. En ese movimiento, el eje se localiza en el fémur (formato convexo), y no en la tibia (formato cóncavo). Esta información es

extremadamente importante en la obtención de datos de fuerzas de cizallamiento y compresión en las articulaciones en modelos biomecánicos automatizados, sin embargo, en el análisis visual 2D, el desplazamiento es tan sutil que no se hace obligatorio hacer la diferenciación, es decir, esa información tiene un carácter más científico que práctico en la sala de musculación.

Figura 1.11 Desplazamiento del eje en la articulación de la rodilla en el movimiento de flexión

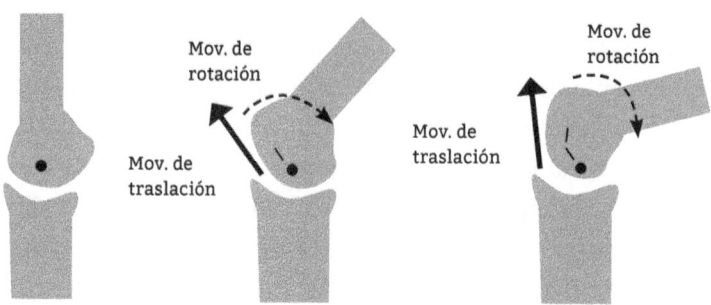

1.4.5 Tipos de cargas aplicadas al sistema esquelético

El sistema esquelético está sujeto a varias cargas que le son aplicadas, al fin y al cabo, los huesos reciben fuerzas en diferentes direcciones en el día a día y también durante la práctica de ejercicios físicos. Las cargas se aplican por fuerzas internas (músculos) que promueven el soporte y el mantenimiento saludable de la propia estructura, o por fuerzas externas, como la de una barra en la musculación, una banda elástica o una bolsa llena de objetos en las manos. Esas cargas aplicadas a los huesos son fundamentales para la salud del sistema esquelético, pues son las encargadas de estimular al depósito de material óseo en el proceso de remodelado.

Básicamente, las fuerzas aplicadas a los huesos pueden ser perpendiculares o paralelas al plano de una sección transversal del hueso (Figura 1.12) y, por norma general, esas fuerzas actúan de manera conjunta, es decir, los huesos están sometidos a más de un tipo de carga simultáneamente.

Figura 1.12 Fuerzas paralelas y perpendiculares al plano transversal del hueso

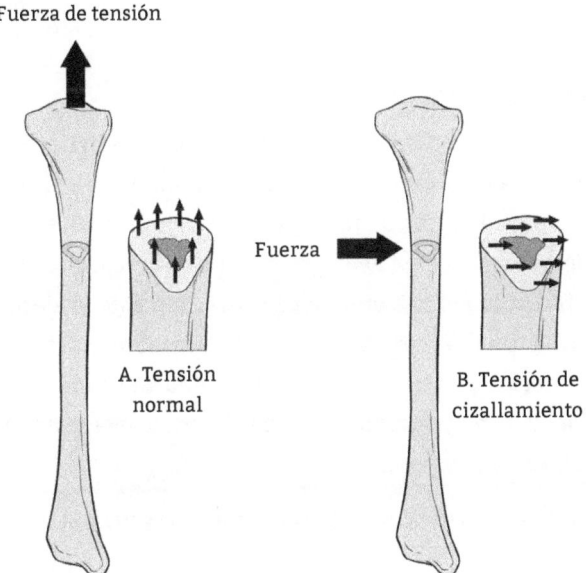

Dos fuerzas tienen dirección perpendicular a la sección transversal del hueso: la de compresión y la de tracción; y las fuerzas de cizallamiento, flexión y rotación son fuerzas paralelas a la superficie de la estructura (Figura 1.13). Veamos una representación sobre los tipos de fuerzas y cuándo se producen en los ejercicios físicos.

Figura 1.13 Tipos de fuerzas en las estructuras óseas

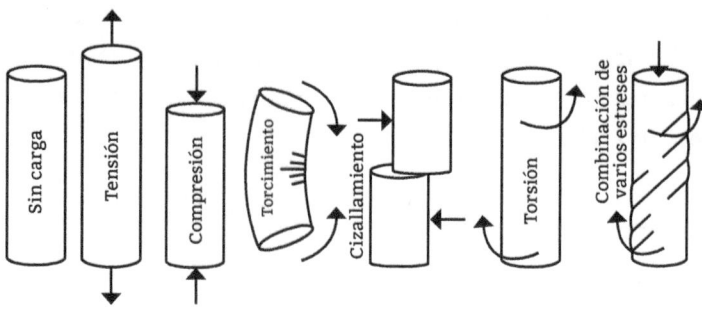

▪ Fuerza de compresión

La fuerza de compresión tiene dirección interna al hueso, y su tendencia es promover un acortamiento y estiramiento de la estructura. Ese tipo de fuerza es muy común en el soporte del peso debido a la acción de la gravedad y de la reacción del suelo, comprimiendo las extremidades óseas. Durante el ejercicio de sentadilla, también es común que las vértebras sufran fuerza de compresión por la acción de la gravedad, aplicada a la propia masa del cuerpo y sumada a la de la barra apoyada en los hombros (Figura 1.14).

Figura 1.14 Fuerza de compresión en la columna vertebral

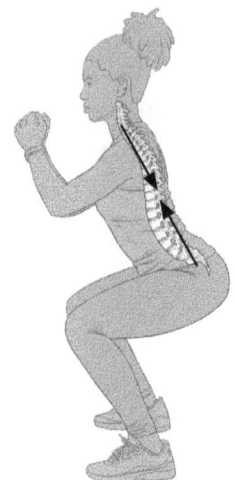

Will Amaro

■ Fuerza de tracción

La fuerza de tracción tiene una dirección opuesta a la de compresión, es decir, promueve el estiramiento y estrechamiento de la estructura a través de cargas en direcciones externas. En general, la fuerza se aplica a los huesos cuando una segunda persona u objeto tracciona una parte del miembro superior o inferior, como una mancuerna en las manos o una tobillera presa a la tibia (Figura 1.15). Suspender el cuerpo sobre una barra fija también promueve la tracción en gran parte de los huesos de los miembros superiores.

Figura 1.15 Fuerza de tracción en el miembro inferior

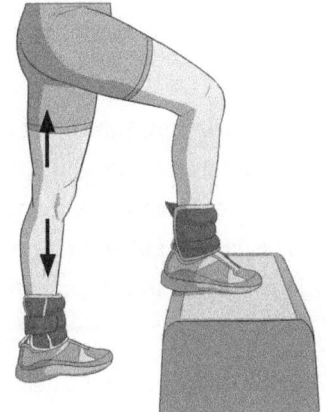

Will Amaro

■ Fuerza de cizallamiento

Diferentemente de las fuerzas de compresión y tracción, la fuerza de cizallamiento es representada por la aplicación de cargas paralelas al plano de sección transversal del hueso, causando una deformación interna en una dirección angular. Pese a que la palabra *cizallamiento* esté relacionada popularmente con algo malo o lesivo en el ámbito de la salud, esas fuerzas están presentes en la mayoría de los ejercicios físicos. Un ejemplo está en el cuello del fémur durante una sentadilla (Figura 1.16).

Figura 1.16 **Fuerza de cizallamiento en el cuello del fémur**

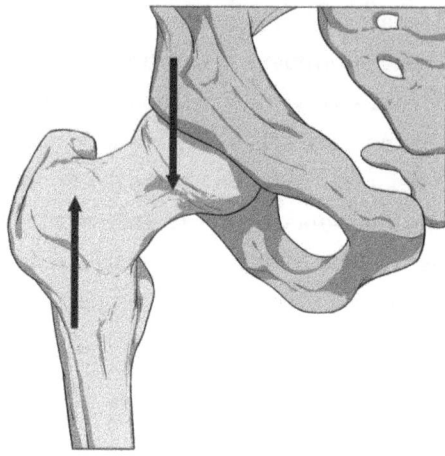

■ Fuerza de rotación

La fuerza de rotación (o torsión) también es paralela al plano de sección transversal del hueso y se aplica haciendo que giren alrededor de su propio eje. Normalmente, una de las extremidades está fija mientras la otra sufre un torque en la estructura ósea del húmero y la rotación lateral con banda elástica o cable (Figura 1.17).

Figura 1.17 **Fuerza de rotación aplicada al húmero**

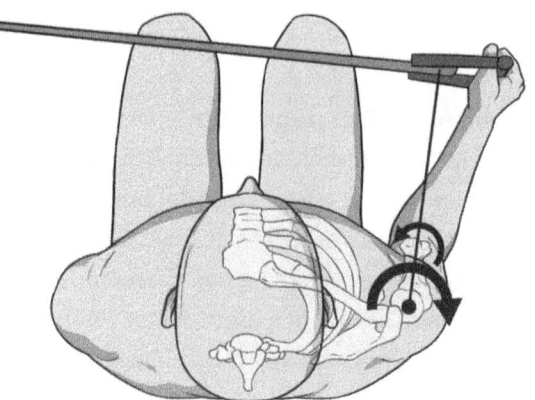

■ **Fuerza de flexión**

En la fuerza de flexión (o curvatura) las cargas se aplican causando un arqueo de la estructura alrededor de un eje. Comúnmente, durante la marcha o carrera, los huesos de los miembros inferiores son sometidos a fuerzas de flexión generadas por la alternancia de las fuerzas de compresión y tracción.

1.5 Biomecánica del músculo esquelético

En el cuerpo humano, las únicas estructuras que son capaces de producir tensión activamente son los músculos. Son los responsables de la locomoción, del movimiento de los miembros, de la postura y de la estabilidad articular. Un músculo tiene la capacidad de traccionar y crear movimiento en una o más articulaciones, y la compresión generada en esas articulaciones aumenta su estabilidad, pero también puede aumentar el desgaste e incluso generar lesiones. Esta es la importancia de estudiar los músculos asociados al sistema articular: no solamente las sobrecargas externas pueden ser perjudiciales para el cuerpo, sino que las cargas internas generadas por el sistema muscular también pueden promover estímulos, beneficiosos o no.

El músculo es un tejido excitable y puede ser estriado o liso. Los músculos estriados son los esqueléticos y el cardíaco, sin embargo, el cardíaco y los músculos lisos están bajo el control del sistema nervioso autónomo, es decir, no pueden controlarse voluntariamente. A su vez, los músculos estriados esqueléticos se encuentran bajo control voluntario y directo y pueden ser acortados o alargados en velocidades razonablemente altas sin causarle perjuicio al tejido.

En el tejido muscular, existen cuatro propiedades comportamentales: la extensibilidad, la elasticidad, la excitabilidad y la contractilidad.

La ***extensibilidad*** es la habilidad del músculo para realizar estiramientos más allá de la longitud en reposo. El músculo en sí no es capaz de realizar el estiramiento, es decir, necesita que el músculo antagonista realice una contracción o que una fuerza externa promueva su estiramiento. La cantidad de extensibilidad en el músculo depende del tejido conjuntivo que lo rodee (Hamill; Knuden; Derrick, 2016).

La ***elasticidad*** se refiere a la capacidad elástica del músculo para volver a su longitud en su estado de reposo después del estiramiento. Esa propiedad hace que el músculo vuelva a su longitud normal de reposo tras el estiramiento y contribuye a la transmisión suave de la tensión para el hueso (Hall, 2013).

La ***excitabilidad*** es la capacidad de responder a un estímulo que puede ser electroquímico, a través de la motoneurona que libera un neurotransmisor, o mecánico, como un golpe externo sobre una porción del músculo que generará, a continuación, una tensión muscular (Hall, 2013).

La ***contractibilidad*** es la capacidad de producir tensión, que históricamente se denomina *contracción muscular*. Algunos músculos pueden acortarse entre un 50% y un 79% con respecto a su longitud en reposo.

El cuerpo humano tiene aproximadamente 434 músculos, que corresponden en promedio a entre un 40% y un 45% del peso corporal (en adultos). Se distribuyen en pares, entre el lado derecho y el lado izquierdo del cuerpo. Cerca de 75 pares son responsables de la postura y de los movimientos corporales, los demás se relacionan con actividades como la deglución y controles finos, como el ocular (Hall, 2013). En la figura 1.18 se presentan algunos de los principales músculos esqueléticos del cuerpo humano.

Figura 1.18 Principales músculos del cuerpo humano

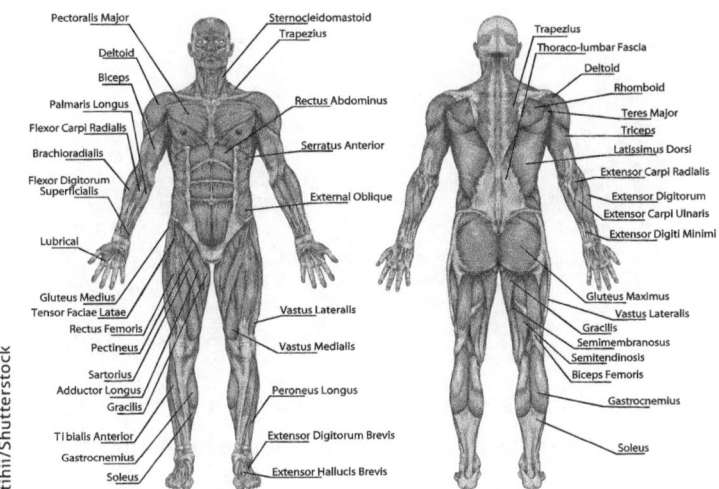

El músculo esquelético está compuesto por miles de fibras musculares. Cada fibra es una única célula muscular envuelta por una membrana denominada *sarcolema*. Se unen en estructuras denominadas *fascículos* o *haces musculares*, envueltos en un tejido conjuntivo denso, denominado *perimisio* (Figura 1.19).

La fibra muscular está llena de *sarcoplasma* que, a su vez, está compuesto por estructuras denominadas *miofibrillas*. Una miofibrilla está compuesta por diversos filamentos, denominados *miofilamentos* en los cuales se encuentran los *sarcómeros*, conectados en serie y en paralelo. Existen dos tipos de miofilamentos: el delgado, compuesto por una proteína denominada *actina*, y el grueso, por la proteína denominada *miosina* (Hall, 2013).

Figura 1.19 **Estructura del músculo esquelético**

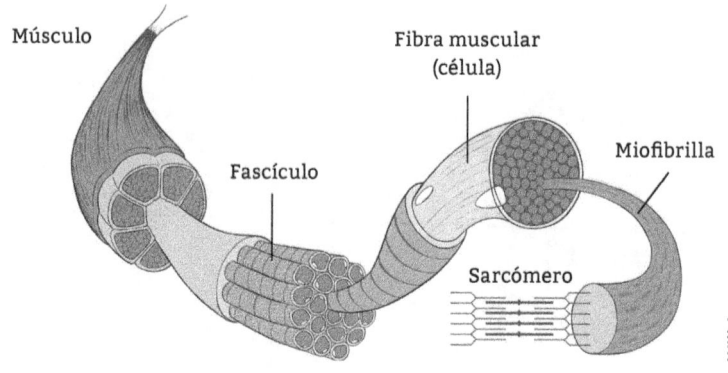

La tensión muscular se desarrolla cuando, en las miofibrillas, se forman los puentes cruzados entre los filamentos de actina y miosina. Si un músculo está estirado al máximo y no hay una sobreposición de los filamentos, no existirá tensión muscular. Del mismo modo, si el músculo está completamente acortado, existiendo una superposición máxima entre los filamentos de actina y miosina, no será posible generar más tensión muscular. Aunque los extremos de estiramiento y acortamiento, en los cuales no hay capacidad de generar más puentes cruzados, no ocurran prácticamente *in vivo*, es posible comprobar una disminución considerable en la cantidad de fuerza que se puede crear cerca de los extremos de la amplitud contráctil. Esa reducción de fuerza se denomina *insuficiencia pasiva*, cuando ocurre un largo estiramiento de la estructura contráctil, o *insuficiencia activa* cuando el músculo está en un acortamiento grande. Esas situaciones se visualizan mejor en músculos biarticulares, como el recto femoral, o en el grupo muscular de isquiotibiales, pues, dado que presentan la característica biarticular, es más fácil acortar o alargar la estructura, tanto por el desplazamiento del origen como de la inserción.

Biomecánicamente, la función del músculo esquelético es generar tensión a través del sistema articular humano (huesos) para controlar y mover las articulaciones y, de esa manera, provocar la motricidad y la supervivencia de la especie. Es muy importante pensar que el músculo tiene la función de mantener la integridad articular y no solamente la de mover las palancas óseas, como pensamos muchas veces.

▌▌▌ *Síntesis*

El estudio de la biomecánica es tan amplio que abarca todos los tipos de fuerzas aplicadas en el cuerpo humano y las respuestas e interacciones, principalmente de los sistemas óseo, articular y muscular ante esas fuerzas.

Aunque las áreas de la biomecánica se dividan entre cinemática y cinética, es fundamental que nosotros, los profesionales de la salud, estudiemos la gran variabilidad de los detalles físicos y estructurales (anatomía) que existen entre las personas, porque determinarán las diferentes respuestas del cuerpo humano ante las fuerzas externas aplicadas sobre él.

Teniendo en cuenta que nuestros cuerpos no son como máquinas moldeadas, conocer la biomecánica del sistema osteoarticular y muscular, así como las funciones, los movimientos y los mecanismos de lesión, forman parte de nuestro día a día en los gimnasios, en el *personal training*, en el deporte, etc.

▬ *Actividades de autoevaluación*

1. Analice las siguientes afirmaciones:
    I. La biomecánica se refiere a los estudios de las leyes de la física y los conceptos de la mecánica aplicados a los seres vivos.
    II. El análisis cinemático se preocupa por la descripción de los movimientos sin atentar a las fuerzas que los producen. Se divide en lineal, angular y vertebral.

III. El análisis cinético, al contrario del análisis cinemático, estudia las fuerzas asociadas al movimiento y se divide en lineal y angular.

IV. Tanto el análisis cinemático como el cinético se preocupan por la antropometría y la composición corporal antes de describir los movimientos.

Señale la opción correcta:

a) Las afirmaciones I y II son verdaderas, y las afirmaciones III y IV son falsas.
b) La afirmación I es verdadera, y las afirmaciones II, III y IV son falsas.
c) Las afirmaciones I y III son verdaderas, y las afirmaciones II y IV son falsas.
d) Todas las afirmaciones son falsas.
e) Todas las afirmaciones son verdaderas.

2. Reflexione y complete estas afirmaciones:

I. La fuerza de la gravedad y de la fricción se denominan _____.

II. Las fuerzas musculares y articulares tienen origen dentro del cuerpo y, por ello, se denominan _____.

III. La fuerza de _____ se representa por la aplicación de cargas paralelas al plano de la sección transversal del hueso.

IV. La fuerza de _____ tiene una dirección opuesta a la de compresión, es decir, promueve el estrechamiento de la estructura a través de cargas en direcciones externas.

Marque la alternativa que presenta la secuencia de las palabras para completar correctamente los espacios en blanco:

a) fuerzas externas; fuerzas internas; cizallamiento; tracción.
b) fuerzas internas; fuerzas externas; cizallamiento; tracción.
c) fuerzas externas; fuerzas internas; compresión; rotación.
d) fuerzas externas; fuerzas compresivas; tracción; rotación.
e) fuerzas internas; fuerzas compresivas; tracción; rotación.

3. (Enade – 2016, traducción propia) La biomecánica utiliza como métodos de medición de sus parámetros cuantitativos la cinemetría, la electromiografía, la dinamometría y la antropometría. La cinemetría es un método de medición cinemática que busca, a partir de la adquisición de imágenes de la ejecución del movimiento, observar la conducta de variables dependientes, como: velocidad, desplazamiento, posición y orientación del cuerpo y de sus partes. SANTOS, S. S.; GUIMARÃES, F. J. S. P. Avaliação biomecânica de atletas paraolímpicos brasileiros. **Revista Brasileira de Medicina do Esporte**, v. 8, n. 3, 2002 (adaptado).

Considerando la definición dada anteriormente, evalúe las siguientes afirmaciones y la relación propuesta entre ellas.

I. La cinemetría es un componente relevante de la biomecánica para el estudio de los movimientos corporales en atletas paralímpicos por ofrecer informaciones precisas sobre qué músculos son reclutados en cada movimiento, sobre la actividad muscular durante el movimiento, la intensidad y la duración del reclutamiento muscular;

PORQUE

II. El deporte paralímpico se caracteriza por el alto rendimiento físico y técnico de sus practicantes y por la búsqueda del máximo rendimiento posible en cada una de las modalidades;

Sobre las afirmaciones, marque la opción correcta.

a) Las afirmaciones I y II son proposiciones verdaderas y la II es una justificación correcta de la I.
b) Las afirmaciones I y II son proposiciones verdaderas, pero la II no es una justificación correcta de la I.
c) La afirmación I es una proposición verdadera y la II es una proposición falsa.

d) La afirmación I es una proposición falsa y la II es una proposición verdadera.
e) Las afirmaciones I y II son proposiciones falsas.

4. Sobre las propiedades comportamentales del tejido muscular, analice las afirmaciones a continuación y señale la alternativa que presenta la secuencia correcta de los términos referidos a las definiciones de los ítems:

   I. Corresponde a la capacidad de producir tensión muscular.
   II. Es la habilidad del músculo de realizar estiramiento más allá de la longitud en reposo.
   III. Se refiere a la capacidad de responder a un estímulo, que puede ser electroquímico o mecánico.
   IV. Es la capacidad elástica del músculo para regresar a su longitud de reposo tras un estiramiento.

   a) Contractilidad; extensibilidad; excitabilidad; elasticidad.
   b) Contractilidad; excitabilidad; extensibilidad; elasticidad.
   c) Extensibilidad; contractilidad; excitabilidad; elasticidad.
   d) Extensibilidad; contractilidad; elasticidad; excitabilidad.
   e) Contractilidad; extensibilidad; elasticidad; excitabilidad.

5. Sobre los tipos de cargas aplicadas en las estructuras óseas, analice las siguientes afirmaciones e indique V para Verdadero y F para Falso.

   ( ) La interpretación de las fuerzas aplicadas en los huesos puede ser comprendida en perpendiculares o paralelas en relación con el plano de la sección transversal del hueso.
   ( ) La fuerza de rotación es perpendicular en relación con el plano de sección transversal del hueso y se aplica haciendo que giren alrededor de su propio eje.
   ( ) Es muy común que las fuerzas actuantes sobre los huesos actúen de manera conjunta, es decir, sometiéndose a más de un tipo de carga simultáneamente.

( ) La fuerza de cizallamiento actúa generando tendencia a una deformidad interna en una dirección angular.
( ) La fuerza de compresión tiene dirección interna al hueso y su tendencia es la de promover el acortamiento y el estiramiento de la estructura.
( ) La fuerza de tracción promueve el estiramiento y el estrechamiento de la estructura a través de cargas en direcciones internas.

Ahora, señale la alternativa que presenta la secuencia correcta:

a) V; F; F; V; V; F.
b) V; F; V; V; V; F.
c) F; F; V; V; V; F.
d) V; V; V; F; V; F.
e) V; F; V; V; F; V.

Actividades de aprendizaje

Cuestiones para reflexionar

1. Considerando la complejidad del cuerpo humano y los detalles anatómicos presentes en las estructuras, reflexione sobre la importancia de estudiar continuamente la anatomía humana para comprender cómo las fuerzas externas e internas actúan sobre el organismo y promueven estímulos y adaptaciones a esas estructuras.

2. Si durante cualquier ejercicio que realizamos están presentes las fuerzas, ¿cuál es la importancia de estudiar la biomecánica en nuestra práctica profesional? Tras la lectura de este capítulo y a lo largo de su formación, ¿cree que aprendió lo suficiente sobre esta materia o juzga que es una de las ciencias que necesitan ser estudiadas exhaustivamente durante toda su carrera profesional, independientemente de si trabaja con objetivos de salud o de rendimiento? Reflexione sobre su respuesta.

Actividad aplicada: práctica

1. Haga una búsqueda virtual sobre aplicaciones y *softwares* que le auxilien en el estudio de la biomecánica, a través de anatomía humana, análisis cinemático y cinético de los movimientos y evalúe el que más se adapta a sus necesidades actuales para el estudio y la utilización con sus clientes.

Capítulo 2

Biomecánica aplicada al *core*

En los últimos años, observamos que la palabra *core* está muy difundida entre profesionales que trabajan con ejercicio físico, salud y rendimiento. Sin embargo, la región comprendida por el *core* y la lista de los músculos que lo constituyen difieren entre las publicaciones y, por lo tanto, no existe una lista única de músculos pertenecientes a esa agrupación. Muchos autores incluyen en esa región desde los músculos que se insertan en las escápulas hasta los que están cerca de la rodilla. Sin embargo, en este libro, preferimos enfatizar los músculos de la región abdominal cuando nos referimos al *core* y, así, hacemos una distinción entre los conjuntos de músculos que comprenden tres núcleos extremadamente importantes y específicos del cuerpo humano: el *core*, el *shoulder core* (Py citado por Matos, 2014) y el *hip core*.

Los conceptos de *shoulder core* y *hip core* son nuevos en la literatura, pero fundamentales para ser estudiados individualmente, comprendiendo la anatomía, las funciones y los detalles de esas regiones. Tanto para la salud como para el rendimiento, conocer las particularidades de esos otros dos núcleos del cuerpo permite al profesional optimizar la prescripción y la orientación de los ejercicios, motivo por el cual serán tratados en los capítulos siguientes.

2.1 Concepto y anatomía del *core*

La palabra *core* es de origen inglés y se traduce al español como "centro" o "núcleo". Desde hace muchos años, es utilizada por profesionales de la salud para representar la parte central del cuerpo que incluye las regiones abdominales, lumbar y pélvica. Sin embargo, dado el número de músculos y de los detalles de esas regiones, preferimos destacar tres núcleos del cuerpo e incluir en el *core* solamente los músculos más centrales que comprenden, principalmente, las regiones abdominal y lumbar (Figura 2.1), excluyendo, así, la región debajo de la línea de la cresta ilíaca (*hip core*) y también los músculos de la región escapular (*shoulder core*). Esa distinción es importante para tener en perspectiva esos tres centros en el cuerpo humano, que necesitan ser estudiados a fondo y corregidos durante casi todos los ejercicios físicos, pues constituyen una base sólida de soporte para la estabilidad y la movilidad del tronco, miembros inferiores y miembros superiores. En ese sentido, describimos el origen, la inserción y la acción de los músculos que comprenden la región del *core*, considerando el cuerpo en la posición fundamental, en el Cuadro 2.1.

Figura 2.1 *Core*: núcleo de la región abdominal

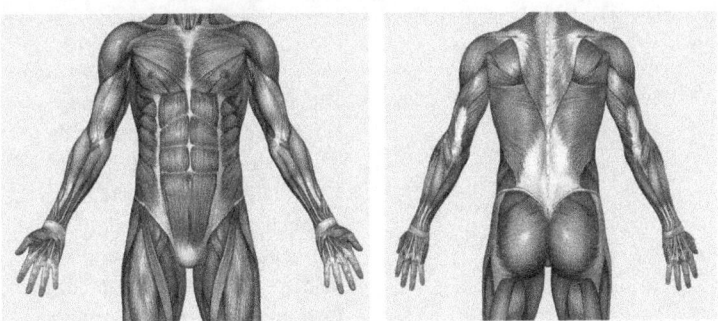

Linda Bucklin/Shutterstock

Cuadro 2.1 Descripción de los músculos del *core*, sus orígenes, inserciones y movimientos realizados, considerando la postura fundamental y en pie

Core	Origen	Inserción	Acción
Diafragma	<ul><li>Región costal: últimas 6 costillas.</li><li>Región lumbar: 3 primeras vértebras lumbares (pudiendo ser dos).</li><li>Región esternal: Apófisis xifoides (parte interna).</li></ul>	<ul><li>Tendón central[4].</li></ul>	<ul><li>Baja el tendón central del diafragma y aumenta el volumen torácico en la inspiración</li></ul>
Recto del abdomen	<ul><li>Sínfisis del pubis[1234].</li></ul>	<ul><li>5ª a 7ª cartílagos costales y apófisis xifoides [4].</li></ul>	<ul><li>Flexión de la columna vertebral[1234]; presiona cavidad abdominopélvica[12]; respiración abdominal[2]. Eleva la pelvis posteriormente*[4]</li></ul>

(continúa)

(Cuadro 2.1 – continuación)

Core	Origen	Inserción	Acción
Oblicuo externo	- Borde de las 8 costillas inferiores[1234].	- Mitad anterior de la cresta ilíaca y línea alba[123]; ligamento inguinal[23]; tubérculo púbico[2]. - De la aponeurosis abdominal a la línea alba[4].	- Flexión y rotación para hemilado opuesto de la columna vertebral[1234]; flexión lateral del tronco[23]; flexión de la columna y comprime la cavidad abdominopélvica[14].
Oblicuo interno	- Cresta ilíaca y toracolumbar[123]. - Ligamento inguinal[23].	- Últimas 4 costillas[123]. - Línea alba y cresta púbica[12].	- Flexión y rotación de la columna vertebral[123]. - Comprime la cavidad abdominopélvica[12]; y respiración abdominal[1].
Transverso del abdomen	- Últimos 6 cartílagos costales y cresta ilíaca[123]; vértebras lumbares y cresta púbica[12]; ligamento inguinal y línea alba[23].	- Línea blanca y cresta púbica[123]; de la aponeurosis abdominal hasta la línea alba[3].	- Presiona la cavidad abdominopélvica[123]; respiración abdominal[23].
Iliocostal	- Sacro y 5 últimas costillas[123]; apófisis espinosas de las vértebras lumbares y cresta ilíaca[12].	- Apófisis transversas cervicales y costillas[123].	- Extensión y flexión lateral de la espina[123].

(Cuadro 2.1 – conclusión)

Core	Origen	Inserción	Acción
Longísimo dorsal	Apófisis espinosas de las vértebras lumbares, 6 últimas torácicas[1,2,3].	Vértebras torácicas superiores y cervicales; costillas[1]; apófisis mastoides[3].	Extensión de la columna vertebral[1,2,3]; flexión lateral[1,3].
Espinales	Vértebras lumbares superiores, torácicas inferiores y 7ª cervical[1,2,3].	Vértebras torácicas superiores y cervicales[1,2,3].	Extensión de la columna vertebral[1,2,3]; flexión lateral de los espinales[3].
Multífidos	Sacro, ilion, apófisis espinosas de las vértebras lumbares, torácicas y cervicales inferiores[1,2,3].	Apófisis espinosas de las vértebras lumbares, torácicas y cervicales[1,2,3].	Extensión, rotación de la columna vertebral para el lado opuesto[1,2,3].
Cuadrado lumbar	Cresta ilíaca posterior[4].	Última costilla y 1ª a 4ª vértebras lumbares.	Flexiona lateralmente la cadera* hacia el mismo lado. Ayuda en la flexión lateral (mismo lado), y en la extensión de la columna.

2.2 Biomecánica de la columna vertebral

La columna vertebral humana presenta una estructura fascinante. Promueve una mezcla de estabilidad y movilidad imprescindibles para diferentes tipos de actividades, que van desde sentarse en el sofá hasta actividades deportivas más exigentes.

Debido a esa complejidad, la comprensión de ese órgano pasa a ser singular y, a la vez, fundamental para el profesional que tenga como objetivo la integridad de esa estructura relacionada con la salud y con el rendimiento de sus clientes.

■ Funciones y movimientos

Entre las funciones de la columna vertebral está la de proteger las estructuras neurales (médula y sus raíces), además de dar soporte a los movimientos entre los miembros superiores e inferiores. También proporciona amplitudes en los movimientos del tronco de flexión, extensión lateral y rotación (Figura 2.2).

Figura 2.2 Movimientos naturales de la columna vertebral

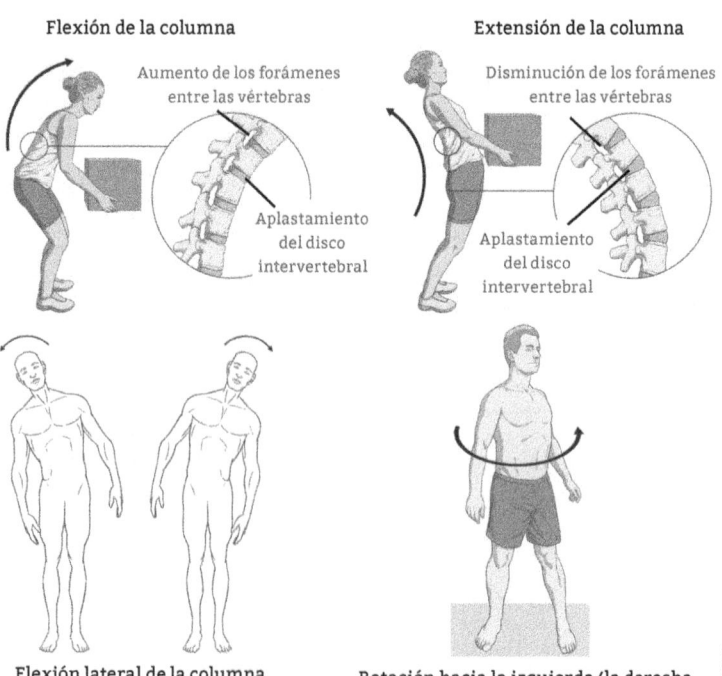

Al mismo tiempo que la columna necesita ser rígida (haciendo honor a su nombre), en muchas situaciones debe ser maleable para proporcionar movimientos fáciles y ahorrar esfuerzo. La clave es entender cómo y cuándo trabajar cada función de la columna en la rutina diaria y en los ejercicios físicos. Básicamente, cuando la estructura recibe cargas con intensidad o volumen considerable, siendo estos parámetros dependientes de las características individuales, es fundamental que mantenga sus curvaturas fisiológicas preservadas (Figura 2.4) para mejorar la capacidad de disipación de esas cargas, principalmente sobre los discos intervertebrales. En otras circunstancias, cuando hay baja carga y control del movimiento, realizar ejercicios para ganar o mantener las amplitudes normales de movimiento es indispensable para la salud de la estructura. Desafortunadamente, esa regla básica la olvidan muchos profesionales que deberían priorizar la salud de sus clientes.

Es común observar ejercicios prescritos por profesionales que aumentan considerablemente las fuerzas de compresión y cizallamiento en la columna, pero sin el mantenimiento adecuado de las curvaturas fisiológicas y sin una orientación para eso. Un ejemplo son las sentadillas realizadas con gran sobrecarga y amplitud en las que, normalmente, al final de la fase excéntrica, hay una rectificación o pérdida de la curvatura fisiológica de la lumbar. Ejercicios realizados de ese modo aumentan la compresión en la parte anterior de los discos intervertebrales y proyectan el núcleo pulposo posteriormente, lo que, dependiendo de factores, puede aumentar los riesgos de desarrollo de una protusión discal o hernia de disco (Marshall; McGill, 2010). Otro ejemplo es el ejercicio *pistol squat*, en el cual es muy difícil mantener preservadas las curvaturas de la columna lumbar (Figura 2.3).

Figura 2.3 Ejercicio *pistol squat* y la rectificación de la columna lumbar

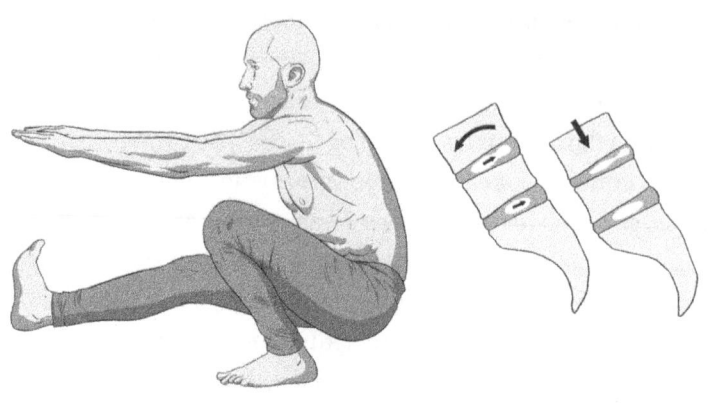

En el deporte de alto rendimiento, a veces la columna realiza movimientos no saludables para la estructura, pero que son necesarios para alcanzar el máximo rendimiento en la modalidad. Un ejemplo lo encontramos en el movimiento de arranque en el levantamiento de pesas olímpico. Para que el atleta entre debajo de la barra, es necesario realizar una sentadilla profunda y, en los que no tienen movilidad suficiente para el movimiento, habrá una rectificación de la región lumbar. Se trata de una situación inevitable para que sea posible alcanzar mejores marcas, pero que, al mismo tiempo, aumenta el riesgo de lesiones en los discos de la columna vertebral.

Esas situaciones tienen que identificarlas o percibirlas los profesionales, que, centrándose en la salud, deben comprender y orientar a sus clientes hacia el mantenimiento de las curvaturas fisiológicas en ejercicios que exigen gran estabilidad de la columna vertebral. Cuando el cliente no es atleta profesional, pero tiene interés en realizar los ejercicios de la modalidad, es nuestra responsabilidad comprender los mecanismos de lesión y alertar a ese cliente sobre los riesgos que sufrirá optando por la ejecución completa de los movimientos deportivos. En el caso de que el cliente lo entienda y prefiera reducir el riesgo, nosotros, como profesionales, podemos adaptar los movimientos, que no serán exactamente iguales a los del deporte (p. ej.: reduciendo las amplitudes articulares). De ese modo, reduciremos los riesgos para la columna y otras articulaciones.

Estructura

En la estructura de la columna existen 33 vértebras, siendo 24 de ellas móviles que contribuyen a los movimientos del tronco. Cuando están superpuestas, las vértebras forman cuatro curvaturas que permiten una mejor absorción de las cargas axiales, como en un mecanismo parecido a un muelle (Figura 2.4).

Figura 2.4 Columna vertebral humana

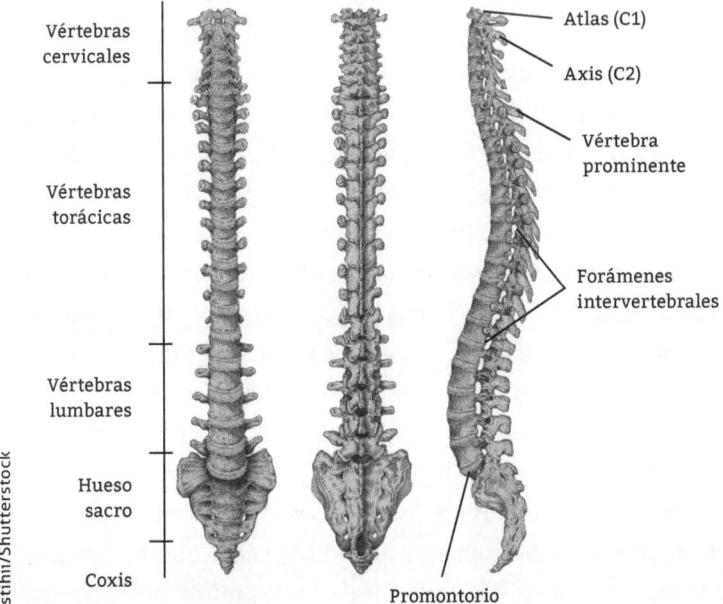

Columna cervical

Siete de ellas son las vértebras cervicales y forman la primera curvatura de la columna: la lordosis cervical. La curvatura forma una concavidad hacia el lado posterior del cuerpo y asume ese arqueo en los primeros años de vida, cuando el bebé comienza a levantar la cabeza.

Las dos primeras vértebras, el atlas (C1) y el axis (C2), son las únicas que presentan estructuras diferentes comparadas con las demás vértebras cervicales (C3 a C7).

El **atlas** no tiene cuerpo vertebral y su forma se parece a un arco. Esa vértebra no tiene apófisis espinosa, pero cuenta con grandes apófisis transversas. Recibe el nombre *atlas* porque sostiene el globo de la cabeza, como el titán de la mitología griega. La articulación entre el atlas y el cráneo se denomina *atlanto-occipital* y en esa región, la cabeza realiza sus movimientos entre 10° y 15° de flexión y extensión (White; Panjabi, 1978).

La segunda vértebra, el **axis**, recibe este nombre por formar un eje de rotación para la cabeza. Su característica peculiar es el diente del axis: un pilar óseo que se proyecta desde la superficie superior y se encaja en el atlas, fijando esa vértebra en una articulación giratoria. Por ese motivo, la articulación formada entre el atlas y el axis es responsable del 50% de la rotación en las vértebras cervicales y nos permite girar la cabeza de un lado a otro (White; Panjabi, 1978).

Las demás vértebras cervicales (C3 a C7) poseen características semejantes a las vértebras torácicas y lumbares, con cuerpo vertebral, apófisis transversa y espinosa, etc. A pesar de parecerse a las demás, la vértebra C7 tiene una apófisis espinosa larga y prominente, lo que facilita su identificación de forma visual o en la anatomía palpatoria.

Debido a las cortas apófisis espinosas, al formato de los discos intervertebrales y a la orientación de las facetas articulares, la movilidad de la columna cervical es más grande que cualquier otra parte de la columna. La media de amplitud entre máxima flexión y extensión fue de 68° para hombres y de 76° para mujeres; en la flexión lateral media fue de 45° tanto para hombres como para mujeres; y la media de máxima rotación fue de 145° para hombres y de 139° para mujeres (Lind et al., 1989).

Con la edad, se verifica una pérdida gradual de la movilidad cervical y los movimientos de extensión, flexión lateral y rotación son los que sufren mayor reducción, empezando después de la tercera década de vida (Lind et al., 1989). Lo que demuestra, una vez más, la importancia del profesional de la salud para el mantenimiento de la movilidad cervical y la salud de su cliente.

Columna torácica

Las vértebras torácicas están compuestas por 12 vértebras (T1 a T12) que forman la segunda curvatura de la columna, la cifosis torácica – una convexidad hacia el lado posterior del cuerpo. En los mayores, la región tiende a hacerse más prominente por motivos como debilidad muscular, deshidratación y degeneración de los discos intervertebrales. Como en una pirámide, en la que la base necesita ser más amplia para sostener el ápice, la vértebra T12 tiene mayor tamaño en relación con las primeras vértebras torácicas.

Por muchas razones esa región tiene baja movilidad incluyendo la orientación de las facetas articulares, de las largas apófisis espinosas que quedan sobrepuestas y, principalmente, por la conexión con las costillas, que limitan su movimiento. Es justamente esa conexión la que distingue esas vértebras de las demás, pues allí se localizan las fositas costales (Figura 2.5).

Figura 2.5 Vértebra torácica

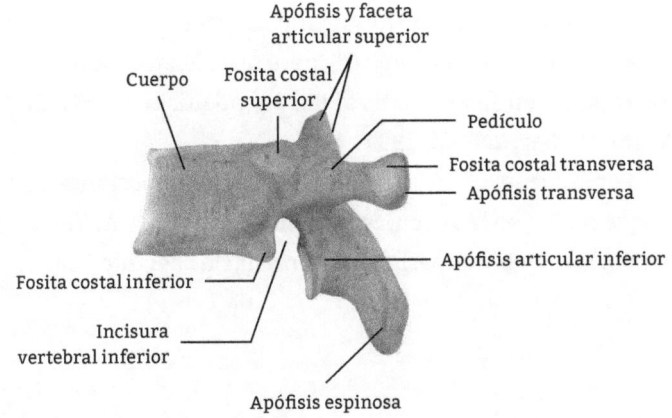

La amplitud media de movimiento para flexión y extensión en la región torácica es de 48°, la media para flexión lateral es de 31° y, en relación con la rotación, la media es de 74° (Ashton-Miller; Schuld, 1997).

Debido a la reducción en las amplitudes de esa región de la columna y de características de los discos intervertebrales de la columna torácica, las lesiones discales en esa región son tan comunes como en otras regiones de la columna.

Columna lumbar

La columna lumbar se constituye por las cinco mayores vértebras de la columna vertebral (L1 a L5), que forman una concavidad hacia el lado posterior del cuerpo – la lordosis lumbar. En una visión transversal, los cuerpos de las vértebras lumbares son más anchos en las laterales que en el diámetro anteroposterior. Ese es uno de los motivos que permiten que la columna lumbar tenga más estabilidad en los movimientos de flexión lateral y rotación y mayor movilidad en la flexión y extensión del tronco. Otro motivo está relacionado con la posición de las facetas articulares que direccionan el movimiento en las articulaciones intervertebrales.

Habitualmente, las vértebras lumbares son las más altas de la columna, y los discos de la región lumbar también son muy espesos, encontrándose los más grandes entre las vértebras L4-L5 y L5-S1. La amplitud de movimiento de esa región es grande en flexión (52°) y extensión (16°), pero también tiene un pequeño movimiento en flexión lateral (22°) y poquísima rotación (7°) (Ashton-Miller; Schuld, 1997).

Por lo que se refiere a esa gran flexión, es importante identificar qué ocurre en la articulación cuando se realiza. Al inicio de la flexión, la vértebra superior se desliza hacia adelante y se inclina sobre la vértebra que está en la parte de abajo. Ese movimiento aplica una fuerza compresiva en la parte anterior de los ligamentos y del disco intervertebral y por lo tanto, incentiva el desplazamiento del núcleo pulposo hacia la parte posterior.

En la región posterior, las porciones superiores de las apófisis articulares se deslizan superiormente sobre las facetas inferiores, generando una fuerza de compresión entre las facetas y una fuerza de cizallamiento transversalmente al lado de las facetas. Esa fuerza es controlada por los ligamentos posteriores, cápsulas articulares, músculos posteriores, cara y fibras posteriores del anillo fibroso.

Sacro y coxis

El sacro presenta cinco vértebras fundidas entre sí. Su forma es la de una pirámide invertida, con la base hacia arriba y el ápice hacia abajo. En su parte posterior, se articula con la quinta vértebra lumbar (L5) y, en la parte inferior, con el coxis. El coxis tiene cuatro vértebras también fijas entre sí y es la parte más inferior de la columna vertebral. Esas estructuras forman una convexidad hacia el lado posterior del cuerpo.

Discos intervertebrales

La columna tiene 23 discos entre las vértebras que funcionan para aumentar, principalmente, la flexibilidad. Esas estructuras están constituidas por tejido cartilaginoso, formado por el anillo fibroso en su parte externa y, en su parte interna, por una estructura denominada *núcleo pulposo* (Figura 2.6). El anillo fibroso se constituye por capas (envueltas fibrosas) que cercan y mantienen bajo presión permanente el núcleo pulposo.

Figura 2.6 Estructura del disco intervertebral

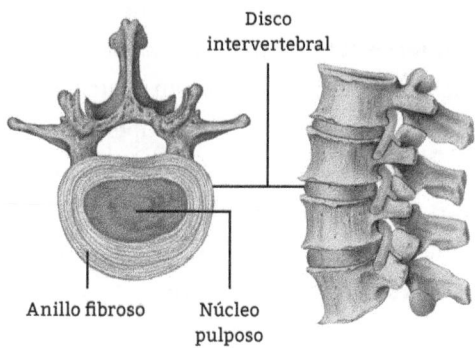

Como este tejido cartilaginoso no es vascularizado, hay una gran dificultad para recuperar las lesiones en esa estructura, pues, sin circulación sanguínea, los procesos inflamatorios y reparativos naturales son incapaces de alcanzar el área damnificada del cartílago (Buckwalter; Brown, 2004). De ese modo, existe un gran desafío para los profesionales de la salud en relación con los estudios de prevención de lesiones y desgastes en esta noble estructura del cuerpo.

Para nutrirse, los discos dependen de un sistema de compresión y descompresión, realizado básicamente cuando estamos en pie o tumbados, respectivamente. Como una esponja, las estructuras son presionadas en la rutina diaria, principalmente por la acción de la gravedad paralela al cuerpo, haciendo que el líquido se desborde desde el interior hacia el exterior, en un proceso de deshidratación. Al tumbarnos, el disco absorbe líquidos del medio externo hacia dentro del núcleo y se alimenta, en un proceso de hidratación (Adams; Dolan, 1995).

Gran parte de la altura de la columna se debe a la altura de los discos intervertebrales y varios procesos degenerativos provocarán la disminución de la estatura, influenciados por factores como envejecimiento, exceso de alcohol, sedentarismo, mala postura, tabaquismo y obesidad. Observe que, entre las variables citadas, solamente el envejecimiento es inevitable, todas las demás pueden evitarse o ser tratadas con la ayuda de profesionales de la salud. Entre las funciones de los discos están la de soportar y la de distribuir cargas en la columna vertebral, además de permitir y restringir el movimiento excesivo de las vértebras. Garantizan la movilidad natural de la columna debido a su composición elástica y del desplazamiento del núcleo pulposo en la estructura cartilaginosa. Debido a esa función, cualquier alteración en el disco perjudica la mecánica de la columna, aumentando el riesgo de dolores e incapacidades indeseadas.

Dado que son menos rígidos que las vértebras, los discos son las estructuras más afectadas de la columna vertebral y, también, las que le provocan grandes perjuicios al hombre moderno, relacionados con quejas de dolores, abstención en el trabajo o gastos públicos empleados en tratamientos de enfermedades relacionadas con esa parte del cuerpo.

Mecanismos de lesiones

La columna cuenta con características que le confieren movilidad y estabilidad en movimientos de la vida diaria y en la práctica de ejercicios físicos. Sin embargo, el estudio y las orientaciones adecuadas para la prevención de lesiones en esta estructura son esenciales para el profesional de la salud que pretende realizar el mantenimiento saludable y evitar desgastes innecesarios en ese segmento del cuerpo de sus clientes.

Cuándo, por qué y **con quién** el profesional utilizará técnicas de movilidad y estabilidad son factores básicos e indispensables que el profesional debe conocer antes de aplicar y orientar ejercicios que promuevan sobrecargas en la columna vertebral. Por ejemplo: **¿Cuándo voy a realizar ejercicios que exijan estabilidad y cuándo utilizaré los de movilidad? ¿Por qué estoy utilizando este ejercicio de estabilidad y con qué objetivo? ¿Con quién utilizaré los ejercicios: con un atleta que necesita ese movimiento o con un adulto que desea adelgazar?**

En la actualidad, es muy común tener clientes que buscan salud y calidad de vida para realizar las actividades del día a día con disposición y sin dolor, que están siendo mal orientados por profesionales que desconocen la estructura de la columna, sus principales mecanismos de lesión y, principalmente, cómo evitarlos.

En una orientación fundamental, se explica que no es saludable trabajar grandes amplitudes de la columna asociadas a grandes sobrecargas, independientemente de la dirección de las fuerzas que está incidiendo en el cuerpo humano. Para que la columna mantenga sus estructuras íntegras, los músculos que la estabilizan generan fuerzas que inciden sobre los discos vertebrales. En el caso de que la columna esté flexionada anterior o lateralmente, extendida o en rotación, la capacidad de los discos intervertebrales de absorber las sobrecargas se verá perjudicada. Por lo tanto, la mejor manera de absorber las fuerzas, internas y externas, es mantener la columna bajo sus curvaturas fisiológicas preservadas (Figura 2.4).

Las fuerzas internas que actúan sobre la columna pueden ser la tensión de los músculos adyacentes, la tensión en los ligamentos espinales o la presión intraabdominal. Las fuerzas externas incluyen la fuerza de la gravedad aplicada al propio cuerpo o a cualquier otro objeto que también esté aplicando fuerza sobre el cuerpo humano, como una barra en los hombros o mancuernas en las manos. Aún entre las cargas externas más comunes durante los ejercicios, podemos citar el uso de elásticos, de la resistencia del medio acuático y de la fricción, que también aplican fuerzas externas a la estructura corporal.

Para visualizar la fuerza externa de la gravedad sobre el cuerpo y sus implicaciones en la columna, vamos a verificar, primeramente, la posición en pie. En esa posición, el centro de gravedad total del cuerpo se posiciona anteriormente a la columna vertebral, lo que pone la columna bajo un constante torque flexor, exigiendo, consecuentemente, una acción de los músculos extensores para mantenerla erecta (Figura 2.7).

Figura 2.7 Posición aproximada del centro de gravedad en el cuerpo humano

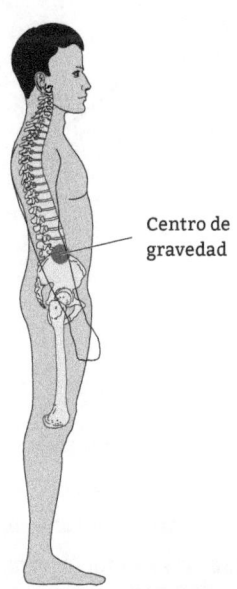

Centro de gravedad

Blamb/Shutterstock

Según se flexionan el tronco o los brazos, los brazos de torque (trataremos más detenidamente el concepto de brazo de torque o brazo de palanca en el Capítulo 5) también se amplían, contribuyendo al aumento del torque flexor y al aumento de la tensión compensatoria de los músculos extensores del tronco (Hall, 2013). Como esos músculos extensores tienen pequeños brazos de torque en relación con las articulaciones vertebrales, necesitan generar mucho vigor para contrarrestar las fuerzas producidas sobre la columna vertebral por el peso de los segmentos corporales y por las cargas externas aplicadas en la estructura (Figura 2.8).

Figura 2.8 Torques generados en la columna vertebral al cargar un objeto

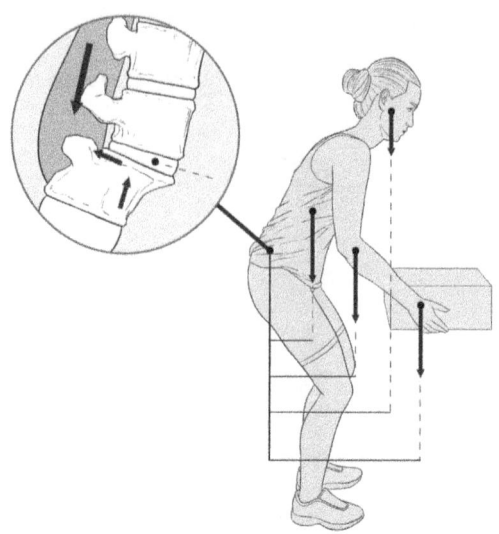

De esa manera, tanto el aumento de la grasa corporal, como el de la grasa visceral anterior a la columna aportan un mayor torque en flexión, generando, por consiguiente, el aumento de la tensión de los músculos extensores para garantizar el mantenimiento de la postura erecta de la columna y, por lo tanto, mayor compresión discal. Algunos estudios constataron que, tanto en hombres como en mujeres, un alto índice de masa corporal (IMC) está significativamente asociado al aumento de la prevalencia de dolores en la lumbar (Heuch et al., 2010; Deyo; Bass, 1989). De ese modo, la prevención del sobrepeso u obesidad ya es, en sí misma, un beneficio mecánico para la salud de la columna. Los dolores en la región lumbar, conocidos como *lumbalgia*, son un problema muy recurrente. Entre el 75% y el 85% de toda la población mundial tendrá dolor de espalda en algún momento de la vida, además de ser la causa más frecuente de limitaciones en las actividades diarias en personas con menos de 45 años de edad (Rubin, 2007; Ehrlich, 2003).

Pese a la existencia de muchas variables asociadas a la lumbalgia, como la actividad laboral y factores ambientales, el estrés mecánico desempeña un factor significativo en el desarrollo de los dolores de espalda (Ibrahimi-Kaçuri et al., 2015; Freburger et al., 2009). Dependiendo del tipo de carga aplicada en la columna, con sus características de intensidad y volumen, como en cargas bajas y muchas repeticiones o en cargas altas y pocas repeticiones, eso proporcionará mayor riesgo de lesión (Hall, 2013).

Desde hace algún tiempo está siendo estudiada la aplicación del estrés en vértebras de cadáveres humanos y de animales con cargas de compresión asociadas a la flexión, la extensión y la rotación de la columna. Pese a la diversidad en la cantidad de fuerzas de compresión aplicadas y el número de repeticiones de los movimientos de la columna, se encontraron en todos los estudios alteraciones estructurales en los discos o en las articulaciones intervertebrales (Marshall; McGill, 2010; Adams et al., 2000; Drake et al., 2005). Los resultados mostraron que los movimientos de rotación, asociados a múltiples movimientos de flexión y extensión, aumentaron el desgaste radial en el anillo fibroso de los discos, es decir, los discos sufrieron daños en el anillo fibroso, que tiene la función de contención del núcleo pulposo. Además de eso, los movimientos repetitivos en flexión (± 6.000) generan un desvío posterior o posterolateral del núcleo pulposo, provocando hernia discal en cerca de un 60% de los casos (Marshall; McGill, 2010). Podemos imaginar que 6 mil repeticiones seguidas están distantes de nuestra realidad en las actividades del día a día, pero, si pensamos a largo plazo y en repeticiones con mala postura durante los ejercicios físicos (como sentadillas flexionando la columna lumbar), en pocos meses es posible llegar a ese número de flexiones.

En las tareas de la vida cotidiana como sentarse, acostarse o tomar un objeto del suelo, también hay gran variación de la presión intradiscal (Wilke et al., 1999) (Figura 2.9). Sin embargo, el tiempo de actividad y el número de repeticiones pueden aumentar el riesgo de lesiones en el disco. Tras 30 minutos de flexión vertebral repetitiva, que puede ocurrir en actividades laborales o en modalidades deportivas, la rigidez de la columna se reduce y la deformación de los discos se asocia al estiramiento de los ligamentos vertebrales, conduciendo a patrones alterados de carga que pueden predisponer al sujeto a una lumbalgia (Parkinson; Beach; Callaghan, 2004).

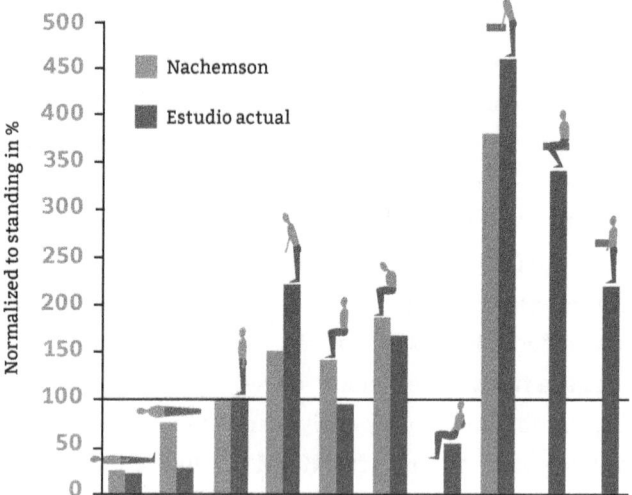

Figura 2.9 Variación de la presión intradiscal en las actividades del día a día

Los problemas asociados a alteraciones en los discos intervertebrales son comunes, y la mayor parte de las personas que busca tratamientos terapéuticos o profilácticos se queja de algún tipo de dolor. Eso pasa porque los dolores relacionados con la columna, en gran medida, ya configuran algún tipo de anormalidad en los discos, como un desgaste, una deshidratación, una protusión o una hernia. Por ser estructuras de difícil recuperación, por no ser vascularizadas, la búsqueda de soluciones en esa fase del tratamiento es paliativa, pues el secreto para una columna saludable y sin dolor es preservarla y fortalecerla en un proceso inteligente de cuidado con la postura diaria y de ejercicios físicos específicos y bien orientados.

2.3 Estructura funcional de la columna

Nuestra columna cuenta con una estructura que permite su estabilización mientras transmite la fuerza a miembros superiores e inferiores, pero también presenta características que permiten su movilización en todos los planos del espacio (frontal, sagital y transversal). Esas posibilidades son fundamentales para otorgarle seguridad al movimiento de la columna en actividades funcionales del día a día. (Figura 2.10).

Figura 2.10 Estabilidad y movilidad de la columna vertebral en las actividades funcionales

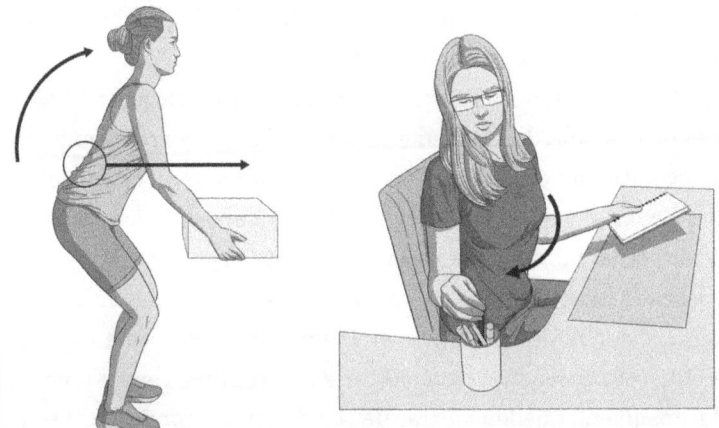

Will Amaro

Dado que el movimiento entre vértebras adyacentes es pequeño, las actividades realizadas por la columna casi siempre abarcan varios segmentos. La movilidad se restringe por la fuerza de los músculos del *core* o de las estructuras anatómicas que varían a lo largo de las regiones lumbar, torácica y cervical de la columna vertebral.

Durante la práctica de ejercicios físicos, un detalle primordial que se debe tener en cuenta es que los discos intervertebrales presentan características que promueven mejor absorción de las cargas impuestas cuando la estructura ósea (vértebras) está en posición neutra o respetando las curvaturas fisiológicas naturales de la columna (Figura 2.4). Lo que quiere decir que, cuando está flexionada, extendida o en rotación es interesante evitar cualquier tipo de ejercicio que promueva sobrecarga intensa o repetitiva en la estructura de la columna.

En esta situación, es común plantearse la pregunta: *¿Qué intensidad debo evitar?* Los parámetros de intensidad o de número de repeticiones para cada individuo son extremadamente difíciles de determinar, pues son numerosas las variables que aumentan o disminuyen el riesgo de una fractura o lesión, como la genética, actividad laboral, lesiones anteriores, etc. Sin embargo, movimientos con muchas repeticiones y con baja sobrecarga fueron suficientes para promover un 60% de hernia discal entre las vértebras estudiadas (Marshall; McGill, 2010).

Considerando lo anterior, la conciencia y la responsabilidad del profesional de la salud en relación con la corrección y con la protección de la estructura de la columna de su cliente debe ser habitual y en todos los ejercicios. La imposibilidad de visualizar constantemente la situación real de las vértebras y de los discos intervertebrales de los alumnos nos hace, muchas veces, desatender algunos cuidados en el entrenamiento. Entender que los discos no tienen enervación en su estructura amplia y, por lo tanto, que no pueden alertar de sus desgastes continuos, por el tiempo o por ejercicios inapropiados, hará que el profesional sea más prudente y cuidadoso en la orientación de los ejercicios físicos. Si los discos intervertebrales no pueden alertar, a través de la sensación de dolor, de que se están degenerando con posturas o ejercicios inadecuados que estamos realizando, cuando aparece la sensación, significa que ya existe un daño más grande en la estructura que, muchas veces, es irreversible debido a la dificultad de regeneración de esos tejidos cartilaginosos.

2.4 Funciones del *core*

2.4.1 Estabilización y movilización

Con el fortalecimiento de los músculos del *core*, somos capaces de generar estabilidad y movilidad saludable para la articulación de la columna. La estabilización es importante cuando las sobrecargas compresivas, de tensión, rotacionales o de cizallamiento se imponen a la estructura de la columna, y los músculos que la estabilizan tienen el papel de sostener las cargas manteniendo la estructura segura. Para ello, el mantenimiento de la postura neutra de la columna es fundamental, pues los discos intervertebrales sostienen más carga sin ser damnificados cuando la columna está con sus curvaturas fisiológicas preservadas y con baja carga axial (Wilke et al., 1999).

Para mantener la estabilidad de la columna, se debe crear una **caja de contención** a partir de los músculos que abarcan esa estructura. Se pueden utilizar muchas técnicas, y en especial una llamada *bracing* viene destacándose (Vera-Garcia et al., 2007). El *bracing* es una técnica para contracción de varios músculos alrededor del *core* y, en consecuencia, produce estabilización de la columna (Figura 2.11). La contracción, a pesar de generar una ligera carga compresiva en la columna (Vera-Garcia et al., 2006), es capaz de provocar una contracción en los músculos de la región lumbar, de aumentar la estabilidad del tronco y de reducir el desplazamiento de la columna lumbar en situaciones de rápida contracción o perturbación, como en un empujón, por ejemplo.

Figura 2.11 *Bracing* abdominal y la contracción de los músculos alrededor del abdomen

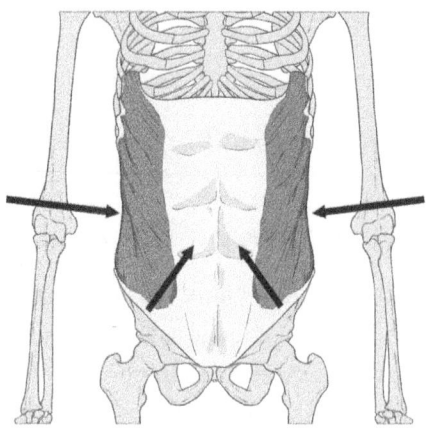

Will Amaro

Es importante destacar los principales músculos responsables de esta estabilización y cuáles son los consejos que el profesional de la salud puede ofrecerles a los clientes para solicitar la maniobra de *bracing*. Comúnmente, los profesionales les piden a sus alumnos que **contraigan el abdomen**, pero, ¿será suficiente para garantizar un buen *bracing* abdominal y, en consecuencia, un aumento de la seguridad para la columna? ¿Cuáles son los músculos que su cliente contrae cuando le solicita que contraiga el abdomen? Preguntas de difícil respuesta, pues esa es una solicitud muy abarcadora y de difícil comprensión para la mayor parte de nuestros clientes. Como existen muchos músculos en la región del abdomen, varios pueden ser los movimientos tras la orden de la contracción de esa región. Así, vamos a identificar los principales músculos e instrucciones que el profesional podrá ofrecer a los alumnos para garantizar una buena maniobra de *bracing* abdominal y asegurar la salud de la columna.

Recuerde que el *bracing* abdominal es una técnica para contracción de varios músculos alrededor del *core*, lo que da como resultado la estabilización de la columna y, por lo tanto, durante la utilización de ese procedimiento la columna debe permanecer neutra y sin movimiento. Los tipos y las imágenes presentadas a continuación son estupendas para facilitar el aprendizaje y la comprensión de los músculos que deben contraerse.

▪ Recto del abdomen

Como su origen e inserción está en el pubis y en los cartílagos costales/apófisis xifoides, respectivamente, la intención de contracción del recto abdominal, cuando el cuerpo esté en decúbito dorsal en pie, será de flexión de la columna. De esa forma, solicitar al cliente que intente acercar las costillas del pubis, o que intente *derretir* o *debilitar* las costillas hacia la región abdominal, lo estimulará a realizar una contracción eficiente de ese músculo. Recuerde que se trata de una intención de contracción y, por lo tanto, no es para que el cliente flexione la columna, sino para que contraiga el recto del abdomen, generando tensión en ese músculo sin movimiento en la articulación vertebral. Frecuentemente visualizamos las últimas costillas salientes de algunos clientes en movimientos como la sentadilla, la plancha abdominal, etc. Y ese consejo hará que las costillas se mantengan menos prominentes en la región del abdomen.

▪ Oblicuos

La dirección de las fibras de los oblicuos interno y externo son, en su mayoría, diagonales en relación al eje longitudinal del cuerpo y se prenden en las costillas y en la cresta ilíaca. La dirección de las fibras permite una rotación de la columna, una flexión y una flexión lateral. Un buen consejo para la contracción de los oblicuos, permaneciendo con la columna neutra, es *cerrar las costillas* como si el alumno quisiera reducir el tamaño o anchura de la caja torácica.

▪ Erectores espinales (iliocostal, longísimo, espinal)

El conjunto de músculos que componen los erectores espinales no permite que la columna se flexione cuando los músculos recto abdominal y oblicuos son activados. De manera isométrica, los erectores se contraen en el momento en que los abdominales traccionan las costillas en dirección a la pelvis, pues forman el grupo de músculos antagonistas al movimiento. En este instante, se forma una pared rígida de músculos, posterior a la columna, y, así, se crea una capa anterior y posterior para la estabilización.

▪ Transverso del abdomen

Como indica su nombre, el transverso del abdomen tiene dirección transversal al eje longitudinal del cuerpo. Como su inserción está en la línea alba, lo que se visualiza más fácilmente en el cuerpo durante su contracción es la aproximación del ombligo a la columna. Por lo tanto, el mejor consejo para que el cliente realice la contracción del transverso es solicitando que su ombligo se empuje hacia dentro del abdomen.

La dirección transversal de ese músculo en el abdomen puede compararse con otro accesorio muy utilizado en las salas de musculación y en el levantamiento de pesas olímpico, el llamado *cinturón* o *cinturón de musculación*. Dado que los cinturones recubren la región lumbar y abdominal, el músculo transverso también presenta la misma característica, lo que revela su importancia para la estabilización de esa región. Un buen fortalecimiento de este músculo permite que las actividades de la vida diaria y los ejercicios sean realizados con mucha más seguridad para la región lumbar y posibilita que el cinturón de musculación se utilice remotamente, solamente en actividades deportivas de mayor riesgo o de test de 1RM (repetición máxima), por ejemplo.

Es muy común que cuando solicitamos a los clientes que contraigan el abdomen, realicen solamente la contracción del transverso del abdomen, empujando el ombligo hacia la columna. Esta maniobra, cada día más común, es interesante que se realice para la conciencia corporal y presenta varios beneficios relacionados con la salud, sin embargo, para la estabilización de la columna durante ejercicios de fuerza, la maniobra deberá realizarse en conjunto con otras contracciones mencionadas anteriormente, del recto abdominal y de oblicuos. En ese caso, el ombligo no se acerca tanto a la columna porque el músculo recto del abdomen está contraído, pero la asociación de las fuerzas de esos grupos musculares es lo que propicia mayor seguridad y estabilización para la columna vertebral.

2.4.2 Postura neutra y estética

Otro beneficio del fortalecimiento del *core*, además del mayor control y absorción de sobrecargas aplicadas en la columna, reside en el mantenimiento de la postura neutra vinculada a la estética corporal. El fortalecimiento de esa región central es la base para proporcionar la armonía de un cuerpo alineado, considerando todas las partes como cabeza, hombros, pecho, espalda, cadera, rodillas y pies.

El equilibrio estético del cuerpo depende del ajuste de todos esos componentes, al fin y al cabo, para mantenerse verticalmente, las partes deben estar equilibradas sobre la base de apoyo: el pie. Así, si la barriga está proyectada hacia adelante, otra parte del cuerpo tendrá que ir hacia atrás para contrarrestar ese movimiento, lo que estéticamente no es considerado bonito en los patrones definidos por la sociedad actualmente. La Figura 2.12 muestra los ajustes corporales necesarios para garantizar un buen equilibrio entre las proporciones corporales.

Figura 2.12 Ajustes de las estructuras corporales para el mantenimiento de la postura en pie

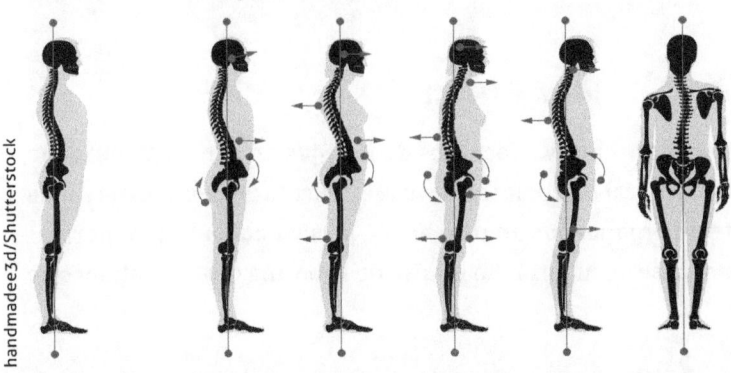

2.5 Patologías comunes en la columna

2.5.1 Protrusión discal

Cuando el núcleo pulposo del disco intervertebral es presionado hacia alguna extremidad del anillo fibroso, puede incentivar la distensión de esa región, generando una protusión discal. En la protrusión, no ocurre la rotura del anillo fibroso del disco, sino que el abultamiento/protuberancia de esa estructura genera riesgo de presión en la raíz nerviosa o en la médula espinal, provocando dolores y síntomas característicos de compresión de nervios. Los síntomas más comunes son la pérdida de movimiento y/o sensibilidad, asociada a otras señales descritas por los pacientes, como entumecimiento, debilidad muscular u hormigueo.

La protrusión discal es, generalmente, un estadio anterior al de la hernia discal en el proceso degenerativo del disco intervertebral (Figura 2.13).

Figura 2.13 Protrusión discal

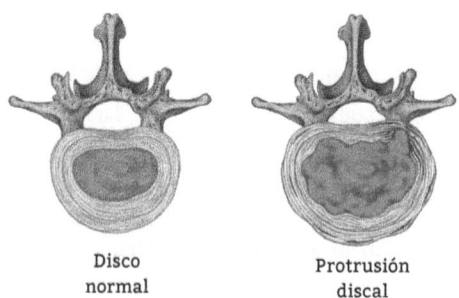

Disco normal

Protrusión discal

stihii/Shutterstock

2.5.2 Hernia discal

Podemos tener varios tipos de hernias en el cuerpo humano, al fin y al cabo, la palabra *hernia* significa la proyección o la salida de un órgano, por un orificio, de la cavidad en la cual normalmente se encuentra. En el caso de la hernia discal, tratamos de la salida del núcleo pulposo a través de una ruptura en el anillo fibroso, que se extiende más allá del anillo de contención. Los lugares más comunes donde ocurren lesiones son entre las vértebras C5-C6 y C6-C7 y entre las vértebras L4-L5 y L5-S1 (Kelsey et al., 1984a, 1984b). Como la región de la columna torácica tiene menos movimientos de flexión y extensión, debido, entre otros factores, a la estabilidad generada por las costillas, es una región menos afectada por las hernias discales.

Pese a que el interior de los discos sea inervado y, por lo tanto, sea incapaz de producir la sensación de dolor, algunos nervios sensitivos se conectan en sus extremidades y en estructuras muy cercanas a ellos, como los cuerpos vertebrales, el cartílago de las articulaciones cigapofisarias y los ligamentos longitudinales anterior y posterior. Así, si la hernia presiona una o más de esas estructuras, o si se comprime contra la médula espinal o raíz nerviosa, puede generar fuertes dolores o la sensación de entumecimiento irradiado (Hall, 2013).

Frecuentemente, individuos con hernia discal no presentan ningún síntoma. También es común el relato de algunos clientes que *detienen o bloquean la espalda* tras realizar algún tipo de esfuerzo, la mayoría de las veces relacionados con la flexión asociada a la rotación de la columna. Normalmente, ese dolor no ocurre por un único movimiento, sino que es consecuencia de múltiples factores, incluyendo el desgaste y la deshidratación de los discos por largos periodos sin dolor.

Los ejercicios indicados para personas con ese tipo de patología incluyen maniobras de tracción de la columna, con la intención de reducir la compresión en los discos intervertebrales, asociadas al fortalecimiento de todo el conjunto del *core* y muchas orientaciones para posturas adoptadas en las actividades diarias. Algunas técnicas sugieren ejercicios de extensión extremadamente controlada de la columna, como forma de compensar las posturas en flexión que son más frecuentes en el día a día.

Figura 2.14 **Hernia discal**

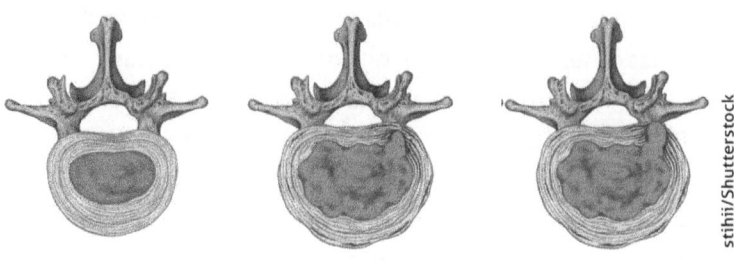

2.5.3 Estenosis de canal vertebral

La palabra *estenosis* significa el estrechamiento de un orificio o canal. En el caso de la estenosis de canal vertebral, se verifica una constricción de los canales vertebrales normalmente asociada a factores genéticos o envejecimiento, relacionada con los desgastes progresivos de las estructuras de la columna y a pequeños traumas repetidos durante el paso del tiempo. En general, afecta la región lumbar o cervical, llevando a la compresión mecánica.

Muchos son los procesos degenerativos que llevan a una estenosis, como el desgaste de la superficie articular, de los ligamentos, reducción de la altura entre los cuerpos vertebrales, promoviendo una compresión en el canal central de la columna y/o de los forámenes de conjunción. Ese mecanismo puede comprometer tanto las raíces nerviosas como la médula espinal, generando sensación de dolor, pérdida de fuerza, entumecimiento y hormigueo.

2.5.4 Osteofitos (pico de loro)

Nuestra columna es increíblemente capaz de adaptarse a varias posturas, traumas e inestabilidades creadas sobre ella. A partir de variadas situaciones, como la mala postura, la predisposición genética a la condición, una sobrecarga articular (como en personas con sobrepeso o que ejercen actividad laboral que sobrecargue esa región), algún problema articular previo y el propio desgaste de la articulación vertebral derivado del envejecimiento, la columna se vuelve menos estable. En esa situación, la herramienta de la columna para adaptarse a esa inestabilidad es crear *picos* óseos en los bordes articulares con la intención de estabilizar la estructura y evitar futuras lesiones.

El osteofito, más comúnmente conocido como *pico de loro*, recibe este nombre porque, en un test de imagen, al visualizarse la columna en el plano sagital, se nota una formación ósea que se parece al pico de un ave. Ese problema tiene mayor incidencia en la región lumbar justamente por ser la región de mayor absorción de sobrecarga, pero también puede alcanzar otras partes de la columna, causando rigidez y reducción de la amplitud de movimiento.

Por tratarse de una adaptación ósea, solamente una cirugía es capaz de reducir los osteofitos. Sin embargo, los ejercicios preventivos para que no haya deterioro de esa situación y los ejercicios de movilidad, en el límite de amplitudes que no generen dolor, son mucho más relevantes para el tratamiento de esa patología.

Por el hecho de que la columna vertebral abarca muchas articulaciones, músculos, ligamentos etc., la sugerencia de ejercicios para la salud de esa estructura está íntimamente relacionada con la condición física de cada cliente. Observar limitaciones, escuchar quejas e investigar lesiones anteriores son caminos importantes para la orientación adecuada de cada uno.

Habitualmente, la columna permite, en el día a día, cierta movilidad para facilitar movimientos y desplazamientos, sin embargo también posibilita la estabilidad necesaria para movimientos que exijan, principalmente, gran producción de fuerza.

El conocimiento de la condición física y el objetivo del cliente, sumado al estudio de la función y de los mecanismos de lesión de la columna vertebral, corroboran nuestra recomendación de ejercicios físicos específicos para cada alumno.

Cuando destacamos que el ejercicio es específico para cada cliente, eso no significa que deba ser atendido individualmente, sino que, según las posibilidades y el compromiso con la salud, nosotros, los profesionales, tenemos que comprometernos a dar orientaciones respetando las individualidades y los objetivos personales de cada uno. La importancia y la valoración del profesional de la salud, incluyendo a los profesores de educación física y fisioterapeutas, dependen íntimamente de esas orientaciones, puesto que cualquiera puede sugerir que otra persona haga, por ejemplo, un ejercicio abdominal, pero solamente los detalles de la orientación de un profesional de la salud capacitado podrán reducir los riesgos y aumentar los beneficios de los ejercicios realizados.

De este modo, la herramienta más poderosa para la salud articular de los clientes son nuestras orientaciones constantes para que el individuo entienda las contracciones musculares y los cuidados de la columna. Varias contracciones y mucha conciencia corporal son necesarias para unir una combinación de presión intraabdominal y contracción de músculos específicos y, así, alcanzar la estabilidad de la columna. Para movilizarla, nosotros, los profesionales, debemos tomar otros cuidados, principalmente en relación con la reducción del volumen y de la intensidad de fuerzas aplicadas en esta estructura. Esas instrucciones promoverán el cuidado para la prevención de la salud de la columna y son ellas las que diferenciarán y valorarán al profesional cualificado y capacitado para orientar a sus clientes.

III *Síntesis*

Analizar todos los detalles anatómicos y kinesiológicos de la región del *core* propicia seguridad en la prescripción de los ejercicios específicos para esa parte del cuerpo. En este capítulo, destacamos que la contracción adecuada de los músculos de esa área está muy relacionada con las orientaciones que nosotros, los profesionales de la salud, les ofrecemos a nuestros clientes. Por lo tanto, la simple instrucción de contraer el abdomen, sin ofrecer más orientaciones y estrategias de aprendizaje, no garantiza que el cliente esté realizando la contracción y el movimiento que desea, tampoco asegura la eficiencia del estímulo para la prevención de patologías como las descritas en este capítulo.

Actividades de autoevaluación

1. Sobre los músculos del *core*, marque la única alternativa **incorrecta**:
   a) La contracción del músculo recto del abdomen promueve la intención de flexión de la columna, pues tiene origen e inserción en el pubis y en los cartílagos costales/apófisis xifoides, respectivamente.
   b) El músculo transverso del abdomen, pese a su nombre, tiene las fibras en posición paralela al eje longitudinal del cuerpo humano.
   c) Longísimo, iliocostal y espinal son los músculos que forman parte del conjunto de erectores de la columna.
   d) En el movimiento de inspiración, el diafragma se contrae para auxiliar el aumento de volumen de la caja torácica.
   e) Los músculos oblicuo externo e interno cuentan con varias direcciones de fibras musculares, por eso son capaces de realizar movimientos como el de flexión y de rotación de la columna.

2. Analice las siguientes afirmaciones:
   I. La columna vertebral ofrece estabilidad para los movimientos de la vida diaria, incluyendo los ejercicios físicos y los gestos deportivos. Cuando la columna está en flexión, promueve la seguridad necesaria para realizar movimientos por su estabilidad en esa posición.

II. El *bracing* abdominal es una técnica para la contracción de varios músculos alrededor del *core* y por consiguiente para la estabilización de la columna. Con la ejecución de esta técnica, es posible crear una caja de contención formada por las paredes musculares contraídas, generando más seguridad para la columna vertebral, cuando esta se mantiene en su posición neutra.

III. Cuando realizamos ejercicios con alta sobrecarga axial, es más seguro que la columna vertebral se mantenga en la posición neutra, es decir, con las curvaturas fisiológicas de la columna cervical, torácica y lumbar preservadas, para auxiliar en la disipación de las sobrecargas.

Ahora, señale la alternativa correcta:

a) Las afirmaciones II y III son verdaderas, pero la afirmación I es falsa.
b) La afirmación III es verdadera, y las afirmaciones II y I son falsas.
c) Las afirmaciones I y III son verdaderas, y la afirmación II es falsa.
d) Todas las afirmaciones son falsas.
e) Todas las afirmaciones son verdaderas.

3. En relación con la técnica del *bracing* abdominal, analice las afirmaciones a continuación:

I. Al realizar una contracción voluntaria de la región abdominal en la posición en pie (sin flexionar la columna), los músculos que realizan la extensión de la columna necesariamente se contraen, puesto que son antagonistas del movimiento y no permitirán la flexión de tronco.

II. Para solicitar la contracción del músculo recto abdominal, el profesional puede orientar al cliente para que este intente *derretir o debilitar las costillas*, con la finalidad de dejar contraída y estable la región anterior del abdomen.

III. Un consejo para la contracción del músculo transverso del abdomen es solicitar al cliente que *empuje el ombligo* hacia la columna. Sin embargo, en un ejercicio que necesite estabilización del *core*, esa orientación debe darse en conjunto con la de contracción de los músculos oblicuos y del recto abdominal, dado que solamente la contracción del transverso no garantiza una buena estabilización.

Ahora, señale la alternativa correcta:

a) Las afirmaciones I y III son verdaderas, pero la afirmación II es falsa.
b) La afirmación I y II son verdaderas, y la afirmación III es falsa.
c) Las afirmaciones II y III son verdaderas, y la afirmación I es falsa.
d) Todas las afirmaciones son falsas.
e) Todas las afirmaciones son verdaderas.

4. Analice el párrafo siguiente y señale la alternativa que presente la secuencia que complete adecuadamente los huecos:

Podemos tener varios tipos de hernias en el cuerpo humano, al fin y al cabo, la palabra *hernia* significa proyección o salida de un órgano, por un orificio, de la cavidad en la cual normalmente se encuentra. En el caso de la _____, tratamos de la salida del _____ a través de una ruptura en el _____, que se extiende más allá del anillo de contención. Los lugares más comunes donde ocurre ese tipo de lesión son en la columna _____ y _____.

a) Protrusión discal; núcleo pulposo; anillo fibroso; torácica; lumbar.
b) Protrusión discal; núcleo celular; anillo horizontal; cervical; torácica.
c) Hernia discal; núcleo celular; anillo fibroso; torácica; lumbar.

d) Hernia discal; núcleo pulposo; anillo fibroso; cervical; lumbar.
e) Hernia discal; núcleo pulposo; anillo fibroso; cervical; lumbar.

5. Sobre las patologías frecuentes localizadas en la columna vertebral, analice las siguientes afirmaciones e indique V para las verdaderas y F para las falsas.

( ) La protrusión discal se produce cuando no hay rotura del anillo fibroso de un disco y trasvase del núcleo pulposo, pero existe un abultamiento de la pared del disco.
( ) Todos los individuos que tienen hernia discal presentan fuertes dolores en la región lumbar.
( ) La estenosis de canal vertebral corresponde al estrechamiento de este canal, que ocasiona compresión de las raíces nerviosas que pasan por el canal central de la columna o por los forámenes de conjunción.
( ) El dolor causado por la compresión de las raíces nerviosas puede irradiarse hacia miembros inferiores, como en la compresión del nervio ciático, pero no afectan a las extremidades superiores.
( ) El osteofito, conocido popularmente como *pico de loro*, recibe este nombre porque la formación ósea en las vértebras se parece al pico de esa ave. Varios son los motivos para desarrollar esta patología, incluyendo predisposición genética, mala postura en el día a día, inestabilidad de la columna y sobrecarga articular.

Ahora, señale la alternativa que presenta la secuencia correcta:

a) V, F, V, F, V.
b) V, F, F, F, V.
c) F, F, V, V, F.
d) F, V, F, F, V.
e) V, F, V, F, F.

6. Considerando toda la estructura de la columna vertebral, analice las siguientes afirmaciones.

   I. Los discos intervertebrales son estructuras de tejido cartilaginoso, formados por el anillo fibroso en su parte externa y, en su parte interna, por una estructura denominada *núcleo pulposo*.
   II. La columna vertebral proporciona amplitudes en los movimientos del tronco en flexión, extensión, flexión lateral y rotación.
   III. La posición de la columna en flexión y los discos intervertebrales comprimidos con gran sobrecarga reducen la probabilidad de lesión de esas estructuras.
   IV. *Columna neutra* se refiere al mantenimiento de las curvaturas fisiológicas de la columna, incluyendo la lordosis cervical, cifosis torácica y lordosis lumbar.

   Es correcto lo que se afirma en:
   a) I y II.
   b) II y IV.
   c) I, II y III.
   d) I, II y IV.
   e) I y IV.

▪ *Actividades de aprendizaje*

Cuestiones para reflexionar

1. El número de quejas de dolores en la columna lumbar ha ido aumentando en todo el mundo desde hace años (Hartvigsen et al., 2018). Muchas variables se asocian a esta situación, como factores sociales, psicológicos, genéticos, entre otros. Reflexione sobre una de las prácticas más comunes y antiguas entre nosotros, los profesionales: la de prescribir muchos ejercicios de flexión de la columna, como el crunch abdominal.

¿Es posible que esta orientación también esté influyendo en el aumento de dolores en la lumbar observado últimamente, considerando que los movimientos repetitivos e intensos son mecanismos de lesión en las estructuras de los discos intervertebrales?

2. Las estructuras de la columna se hicieron para durar largos años de vida, pero algunos hábitos pueden acelerar el proceso degenerativo y reducir la salud de esa articulación. Si los pequeños detalles pueden contribuir a la salud de la columna, ¿qué puede hacer para incitar a sus clientes a adoptar buenos hábitos de vida, incluyendo la postura al sentarse, tumbarse o tomar objetos?

Actividad aplicada: práctica

1. Desarrolle una lista de ejercicios para el *core* e identifique en cuáles de ellos es posible mantener la columna neutra y en cuáles, en algún momento, es necesario realizar la flexión, la extensión, la flexión lateral o la rotación de la columna. Luego, piense cómo es posible intensificar todos los ejercicios y, con alguna adaptación, mantener la columna neutra en todos ellos.

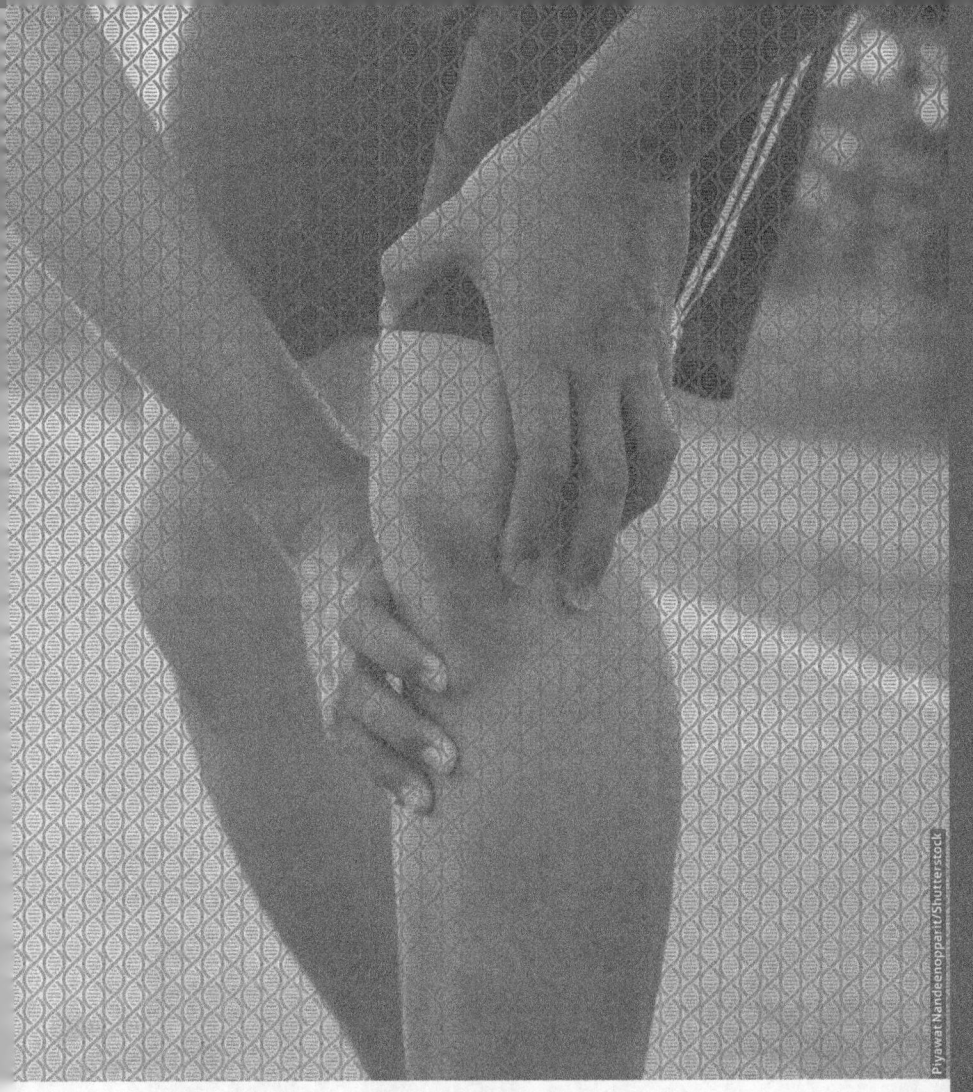

Capítulo 3

Biomecánica aplicada al *hip core*

Varios autores incluyen los músculos localizados en la región de la cadera como pertenecientes al *core*. Sin embargo, esta región presenta tantas particularidades en su estructura que preferimos separarla del *core* y estudiarla detalladamente. Así, tendremos otro núcleo importante en el cuerpo humano que debe ser estudiado y orientado en cada ejercicio.

En este capítulo, trataremos detalladamente la anatomía, la estructura, las funciones y las patologías comunes de la región del *hip core*. Preste atención en las particularidades y aplique este conocimiento en sus clases, independientemente de las características del grupo o del individuo que esté atendiendo. Observe que las características funcionales de esta región facilitan el control y la estabilidad del cuerpo (por estar próximas al centro) y también presentan propiedades que permiten una vida saludable bajo varios aspectos.

3.1 Concepto y anatomía del *hip core*

La palabra *hip* significa "cadera", por lo tanto *hip core* es el nombre que utilizamos para describir el núcleo o el complejo de la pelvis, incluyendo los músculos, las articulaciones y los movimientos que se localizan en esta región. Esta región tan central del cuerpo es capaz de influenciar la absorción de las fuerzas gravitacionales o de reacción del suelo a través de su estructura y de su posicionamiento, bien en las articulaciones debajo de esta región, como las rodillas y tobillos, bien en la propia columna vertebral, que está por encima.

Cuadro 3.1 Descripción de los músculos del *hip core*, sus orígenes, inserciones y movimientos que se pueden realizar considerando la postura fundamental y en pie

Hip core	Origen	Inserción	Acción
Recto femoral	Espina ilíaca anteroinferior.	Rótula.	Flexión.
Iliopsoas (Iliaco)	Fosa ilíaca y segmento adyacente.	Trocánter menor.	Flexión.
Iliopsoas (Psoas)	12ª vértebra torácica y todas las vértebras y discos lumbares.	Trocánter menor.	Flexión.

(continúa)

(Cuadro 3.1 – continuación)

Hip core	Origen	Inserción	Acción
Sartorio	Espina ilíaca anterosuperior.	Tibia, parte medial superior.	Ayuda en la flexión, en la abducción y en la rotación lateral.
Pectíneo	Cresta pectínea de la rama púbica.	Porción proximal medial del fémur.	Flexión, abducción, rotación medial.
Tensor de la fascia lata	Cresta anterior del ilion y EIAI.	Banda iliotibial.	Ayuda en la flexión, abducción, rotación medial.
Glúteo mayor	Cara ilíaca posterior, cresta ilíaca, sacro y coxis.	Tuberosidad glútea del fémur y banda iliotibial.	Extensión y rotación lateral.
Glúteo medio	Entre las líneas glúteas posterior y anterior de la cara posterior del ilion.	Trocánter mayor cara superior lateral.	Abducción y rotación medial.
Glúteo mínimo	Entre las líneas glúteas anterior e inferior de la cara posterior del ilion.	Superficie anterior del trocánter mayor.	Abducción, rotación medial.
Grácil	Porción anterior, inferior de la sínfisis púbica.	Porción proximal medial de la tibia.	Aducción.
Aductor mayor	Rama inferior del pubis y del isquion.	Toda la línea áspera.	Aducción y rotación lateral.
Aductor largo	Pubis, cara anterior.	Línea áspera rama media.	La aducción asiste a la flexión.
Aductor corto	Rama inferior del pubis.	Línea áspera superior.	Aducción y rotación lateral.

(Cuadro 3.1 – conclusión)

Hip core	Origen	Inserción	Acción
Semitendinoso	Tuberosidad isquiática, parte medial.	Porción proximal medial de la tibia.	Extensión.
Semimembranoso	Tuberosidad isquiática, parte lateral.	Porción proximal de la tibia.	Extensión.
Bíceps femoral (cabeza larga)	Tuberosidad isquiática parte lateral.	Cóndilo lateral de la tibia, cara posterior, cabeza del peroné.	Extensión.

Fuente: Hall, 2013, traducción propia.

3.2 Biomecánica de la pelvis, cadera y rodilla

El miembro inferior del cuerpo ejerce funciones como la locomoción, el apoyo del peso del tronco y miembros superiores y, además de eso, está sujeto a un gran volumen de fuerzas generadas a través de los contactos repetidos entre el pie y el suelo. Debido a este contacto frecuente, las fuerzas ascendentes que inciden en los pies influyen, principalmente, en las articulaciones de la rodilla y de la cadera y, por ello, es importante tener una visión global sobre el miembro inferior para comprender el sistema en su totalidad.

La posición y el movimiento de un solo pie son capaces de influir en la posición o en el movimiento de la rodilla del otro miembro o de la cadera, así como la posición pélvica puede inducir a acciones por todo el miembro inferior. Durante una evaluación, es fundamental visualizar movimientos y acciones de ambos miembros, de la pelvis y del tronco, y no concentrarse solamente en una articulación aislada, para comprender el funcionamiento del miembro inferior con el objetivo de la rehabilitación, la prescripción de ejercicios de fortalecimiento o rendimiento deportivo.

La región pélvica es un área del cuerpo que presenta diferencias notables entre los géneros masculino y femenino. Observe en la Figura 3.1 que, normalmente, la pelvis femenina se expande más lateralmente en el plano frontal y el ángulo Q en las mujeres también presenta mayor inclinación. El sacro femenino también es más amplio en la parte de atrás, lo que genera una cavidad pélvica más amplia que en los hombres, característica relevante para las condiciones en la gestación y en el momento del parto.

Figura 3.1 Diferencias anatómicas entre las pelvis masculina y femenina, respectivamente

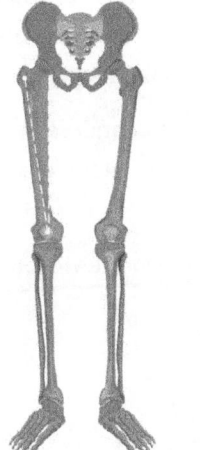 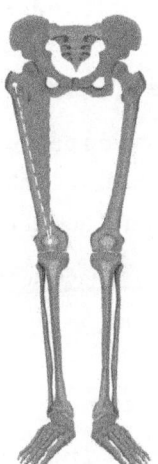

Double Brain/Shutterstock

Funciones y movimientos

La pelvis ejerce varias funciones, como la de proteger los órganos del sistema reproductivo y algunos del sistema digestivo, entre ellos el intestino grueso, el delgado y la vejiga. Además de eso, esta región del cuerpo desempeña un papel fundamental al proporcionarle soporte a la articulación coxofemoral.

Aunque los movimientos del fémur se realicen en los tres planos del movimiento en la articulación coxofemoral, la cintura pélvica tiene una función esencial para posicionar esta misma articulación y proporcionar un movimiento más amplio y eficiente de los miembros inferiores. Nuestra pelvis es capaz de girar de modo que el acetábulo se quede posicionado en la dirección del movimiento femoral que se va a realizar, como si lo guiara rumbo a la acción. Por ejemplo, la inclinación pélvica posterior direcciona la cavidad del acetábulo hacia adelante y, en consecuencia, posiciona la cabeza del fémur delante del hueso de la cadera para facilitar su flexión.

Aquí llegamos a nomenclaturas controvertidas en el área de la salud cuando hablamos sobre el movimiento de la pelvis. Es muy común la afirmación de que esta inclinación posterior de la cadera es una *retroversión*. Sin embargo, es importante aclarar los nombres y movimientos correctos de la pelvis, así como describir qué se considera retroversión pélvica.

- **Inclinación pélvica posterior**: cuando, en el plano sagital, la espina ilíaca anterosuperior es inclinada hacia atrás en relación al acetábulo.

Figura 3.2 Movimiento de inclinación pélvica posterior

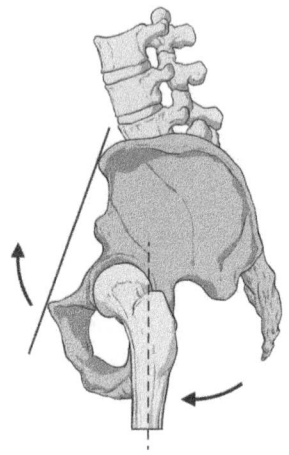

- **Inclinación pélvica anterior**: cuando, en el plano sagital, la espina ilíaca anterosuperior es inclinada hacia adelante en relación al acetábulo.

Figura 3.3 Movimiento de inclinación pélvica anterior

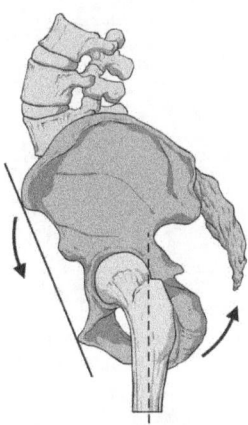

- **Inclinación pélvica lateral**: cuando, en el plano frontal, hay una inclinación de la pelvis elevando un acetábulo en relación al otro.

Figura 3.4 Movimiento de inclinación pélvica lateral

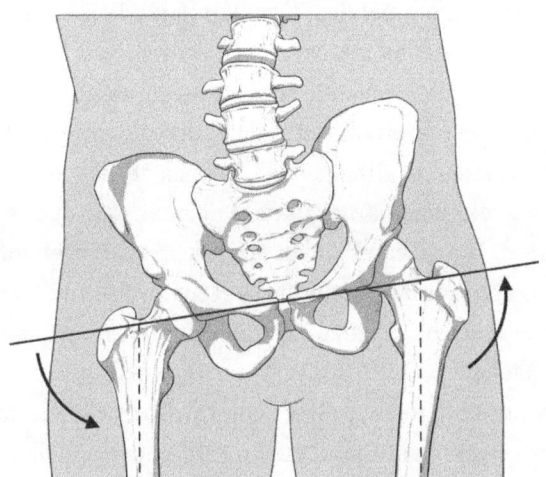

- **Rotación pélvica**: cuando, en el plano transversal, hay una rotación de la pelvis girando los acetábulos en direcciones opuestas.

Figura 3.5 Movimiento de rotación pélvica

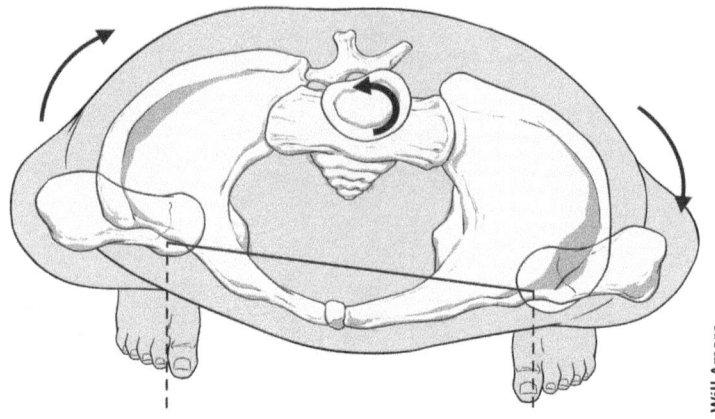

Will Amaro

Cuando se trata de **retroversión pélvica**, no debemos sugerir que esta se refiere a la inclinación pélvica superior, pues se trata de características diferentes encontradas en la articulación de la cadera y en el movimiento de la pelvis, respectivamente.

La retroversión pélvica, también llamada *retroversión acetabular*, es la condición retrovertida de la apertura acetabular en el plano sagital. En una cadera patrón, esta cavidad es antevertida, como si estuviera apuntando hacia adelante. En la condición retrovertida, la alineación de la boca del acetábulo no está volcada a la dirección anterolateral normal, sino que se inclina más postero lateralmente. Esta orientación retrovertida puede aumentar el riesgo de choque entre el cuello del fémur y el borde acetabular anterior, situación que abordaremos con más detalles a continuación.

Otra posibilidad de anteversión y retroversión es la del cuello del fémur. Generalmente, el cuello del fémur en el plano transversal realiza rotación de 12° a 14° en relación al fémur (Figura

3.6). Si este ángulo aumenta, se crea una posición donde los dedos de los pies se vuelven hacia adentro, en la denominada *anteversión excesiva*, condición que aumenta las fuerzas de contacto en la articulación de la cadera. Si este ángulo sufre inversión, de modo que el cuello del fémur quede posterizado, pasará a denominarse *retroversión de cuello del fémur* y hace que los dedos se vuelvan hacia fuera (Hamill; Knuden; Derrick, 2016).

Figura 3.6 Anteversión y retroversión del cuello del fémur

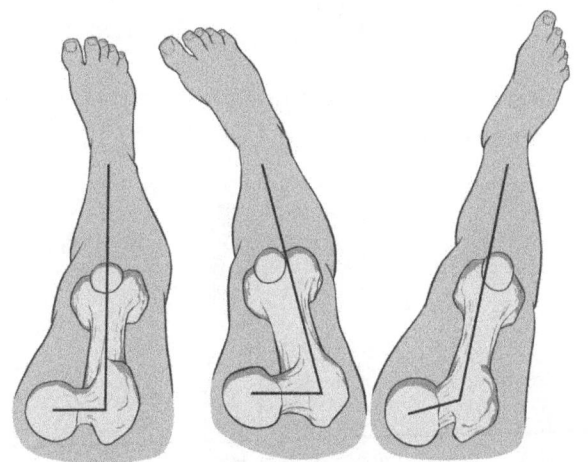

Will Amaro

En el plano frontal, el cuello del fémur también se posiciona en un ángulo específico para mejorar la consistencia con la articulación de la cadera y mantenerla alejada del cuerpo. Este ángulo mide aproximadamente 125° y se denomina ángulo de inclinación (Figura 3.7). Un ángulo de inclinación mayor de 125° configura el llamado *genu valgo*, lo que ocasiona aumento de la anchura del miembro, pero reduce la eficacia de los abductores de la cadera por la reducción del brazo de torque de esos músculos. En la situación opuesta, el *genu varo*, el ángulo de inclinación es inferior a 125°, causando un acortamiento del fémur, pero aumentando la eficacia de los abductores de la cadera, que tendrán más posibilidad de producir el torque (Figura 3.8).

Figura 3.7 Ángulo de inclinación del cuello del fémur

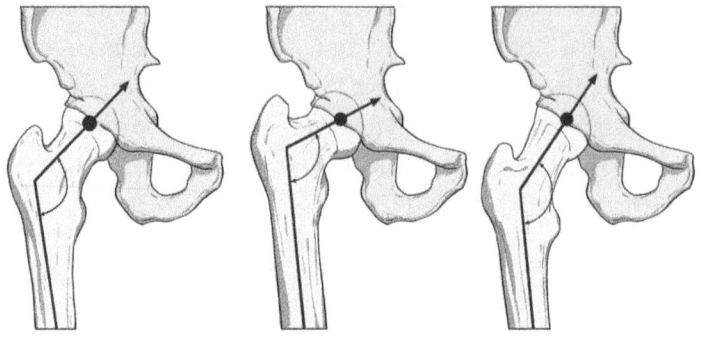

Figura 3.8 Torque generado en la articulación coxofemoral en las diferentes condiciones de inclinación del cuello del fémur

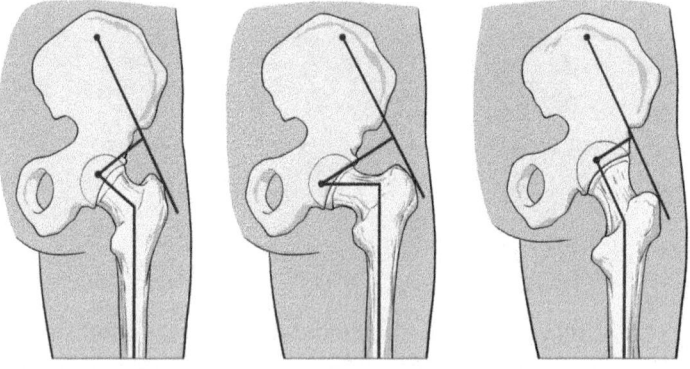

En la articulación de la cadera, también hay movimientos en las tres dimensiones del espacio (Figura 3.9). En el plano sagital, el muslo puede moverse a lo largo de 125° de flexión y 15° de hiperextensión. En el plano frontal, el muslo realiza aproximadamente 45° de abducción y 30° de aducción y en el plano transverso, cerca de 50° de rotación lateral y también 50° de rotación medial (Hamill; Knuden; Derrick, 2016).

Figura 3.9 Movimientos producidos en la articulación de la cadera

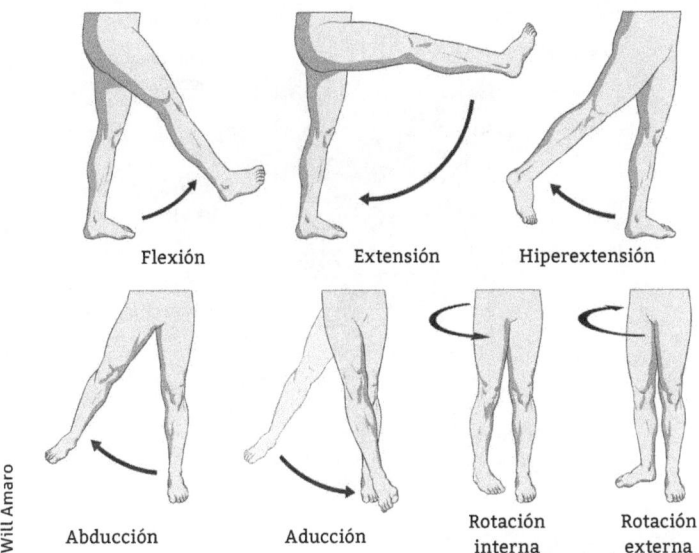

■ Estructura

La estructura de la pelvis está formada por el conjunto de dos huesos de la cadera: el sacro y el coxis (Figura 3.10).

La cadera está formada por la fusión de los huesos ilion, isquion y pubis y, hasta la pubertad, estas tres piezas óseas permanecen unidas una a las otras por cartílagos. A partir de esa época, se produce la osificación de los cartílagos, y el hueso de la cadera pasa a ser único, aunque conserve las denominaciones óseas que lo constituyen originalmente.

Figura 3.10 Estructura ósea de la pelvis

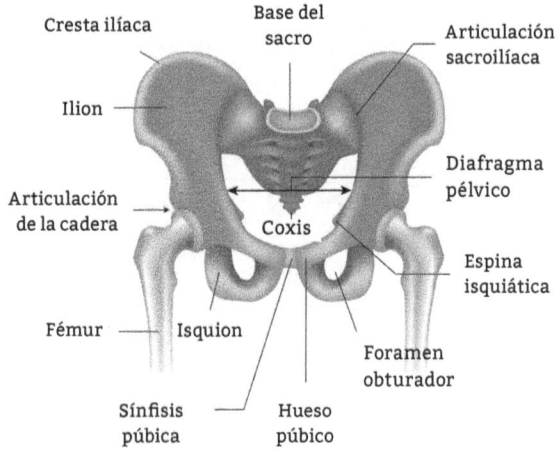

Articulación coxofemoral

La articulación coxofemoral, también conocida como *articulación de la cadera*, es sinovial y del tipo bola y zócalo, *esferoidea*. La bola es el cuello del fémur, que forma cerca de dos tercios de una esfera, y el zócalo es el acetábulo, que presenta formato cóncavo para un perfecto encaje con el fémur. El cartílago articular del cuello del fémur recubre completamente la superficie de la articulación, con excepción de la fóvea del cuello del fémur, donde el ligamento redondo se conecta entre ella y el acetábulo.

Espesos ligamentos componen la cápsula articular, que mantiene este conjunto firmemente unido. Justo debajo, se localiza la membrana sinovial, responsable de la lubricación del mecanismo.

En el borde del acetábulo existe una estructura fibrocartilaginosa parecida a un labio, por eso se denomina *labrum del acetábulo* (en latín). Esta estructura tiene funciones fisiológicas importantes, como la contención del cuello femoral durante el desarrollo acetabular y la estabilización de la articulación coxofemoral a través del aumento de la superficie acetabular (Lage; Costa; Villar, 1996).

Articulación sacroilíaca

La articulación sacroilíaca es una articulación muy estable, pero con componentes fibrosos y móviles. Es la responsable de la eficaz transferencia de carga de los miembros inferiores hacia la parte superior del cuerpo. Por el hecho de ser una región muy implicada en movimientos deportivos y en el día a día, es necesario que haya una gran estabilidad local, aún más si consideramos la alienación de las superficies articulares, que hace que las fuerzas resultantes actúen en el sentido de cizallamiento de ellas. Esta estabilización se hace por la superficie local, por músculos y ligamentos (Hungerford; Gilleard; Hodges, 2003).

La superficie de esta articulación se forma por el contacto entre una parte del hueso de la cadera (el ilion) y una del hueso sacro. Los espesos ligamentos posteriores y anteriores de la articulación sacroilíaca mantienen estos huesos uno contra el otro mientras sirven como puntos de fijación para importantes ligamentos que se insertan en la tuberosidad isquiática (como el ligamento sacrotuberoso), en el coxis (como los ligamentos sacrotuberoso y sacrococcígeo dorsal) y en la columna lumbar inferior (como el ligamento iliolumbar). Además de estos, la sacroilíaca presenta el ligamento interóseo, que ayuda a prevenir el exceso de movilidad, dado que su principal función es la de dar estabilidad a la pelvis.

El pequeño movimiento que esta articulación realiza se denomina *nutación*, es decir, cuando realiza una inclinación anterior y contranutación, cuando hay una inclinación posterior. Durante el parto, los tejidos fibrosos se dilatan bajo el efecto de las hormonas y se produce la nutación en mayores grados, permitiendo un aumento del estrecho inferior de la pelvis y el paso del feto.

- **Sínfisis púbica**

Una sínfisis es un tipo de articulación que tiene poco movimiento, en la que el cartílago fibroso une dos huesos y no existe membrana sinovial. La sínfisis púbica es, entonces, una articulación que une los dos huesos del pubis (derecho e izquierdo), formando la pelvis en su parte anterior. Si hay desequilibrio de fuerzas en los músculos que se insertan próximos a esta región, como los músculos abdominales o los aductores de la cadera, puede ocurrir un dolor denominado *pubalgia*.

- **Articulación de la rodilla**

La articulación de la rodilla es sinovial y, además de permitir el soporte de grandes sobrecargas, ofrece la movilidad necesaria para actividades locomotoras. Cuando está extendida, la rodilla se mantiene estable debido a la alineación entre fémur y tibia y a la consistencia de las superficies articulares. En las posiciones en flexión, esta articulación es móvil y necesita estabilización proporcionada por la cápsula articular, por los ligamentos y por los músculos que la cercan. La articulación es vulnerable a la lesión debido a las demandas mecánicas que le son impuestas diariamente y a la dependencia de los tejidos blandos, como el cartílago rotuliano y los meniscos (Hamill; Knuden; Derrick, 2016).

Existen dos articulaciones en el complejo de la rodilla: la articulación femorotibial y la articulación femoropatelar (Figura 3.11). En la articulación femorotibial los cóndilos medial y lateral de la tibia y del fémur se conectan para formar dos articulaciones elipsoideas de lado a lado (aquellas que tienen una extremidad cóncava en contacto con otra convexa) (Figura 3.12).

Figura 3.11 Articulaciones de la rodilla

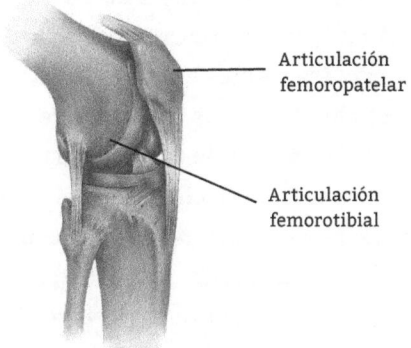

Figura 3.12 Extremidades cóncava y convexa entre tibia y fémur, respectivamente

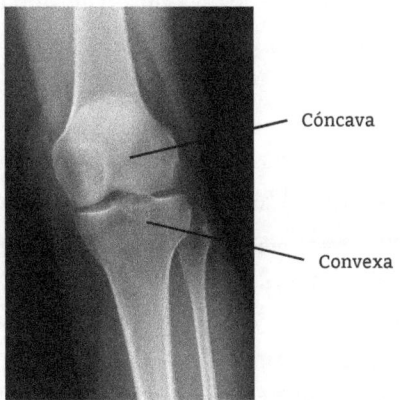

Dado que los cóndilos del fémur difieren en tamaño, en formato y en orientación, hay una suave rotación lateral de la tibia (en movimiento de cadena cinética abierta) o de rotación medial del fémur (en cadena cinética cerrada) durante los últimos grados de extensión para producir el bloqueo de la rodilla (Hall, 2013).

Por este motivo, en la silla extensora, es común y normal que nuestros clientes giren externamente la punta del pie al final de la extensión, no siendo necesario corregir esta suave rotación.

Las lesiones más frecuentes en las rodillas son las de los ligamentos y de los cartílagos. Los cartílagos de los cuerpos se hicieron para durar largos años de vida y, por lo tanto, a menos que un individuo haya sufrido un choque muy fuerte, como una caída, por ejemplo, serán los movimientos inadecuados del día a día y de los ejercicios los que se sumarán al desgaste progresivo de estas estructuras. De ese modo, nuestra obligación, como profesionales de la salud, es realizar buenas orientaciones durante todos los ejercicios para evitar el desgaste precoz de los cartílagos de la rodilla, además de indicar cuidados para la vida diaria de nuestros alumnos. Solamente los buenos profesionales hacen todas estas prescripciones.

Meniscos

Los meniscos son estructuras fibrocartilaginosas semicirculares que se localizan entre el fémur y la tibia. Entre sus funciones están la de amortiguar los choques y lubricar, estabilizar y distribuir las cargas que pasan por esta articulación. Mejoran el encaje entre el fémur y la tibia y son esenciales para mantener la biodinámica normal de la articulación de la rodilla.

En cada una de las rodillas, hay dos meniscos: el medial y el lateral (Figura 3.13). El menisco lateral es más móvil comparado con el menisco medial (que tiene buena fijación en la superficie de la tibia) y, por este motivo, el menisco medial es más susceptible de lesión.

Figura 3.13 Meniscos lateral y medial

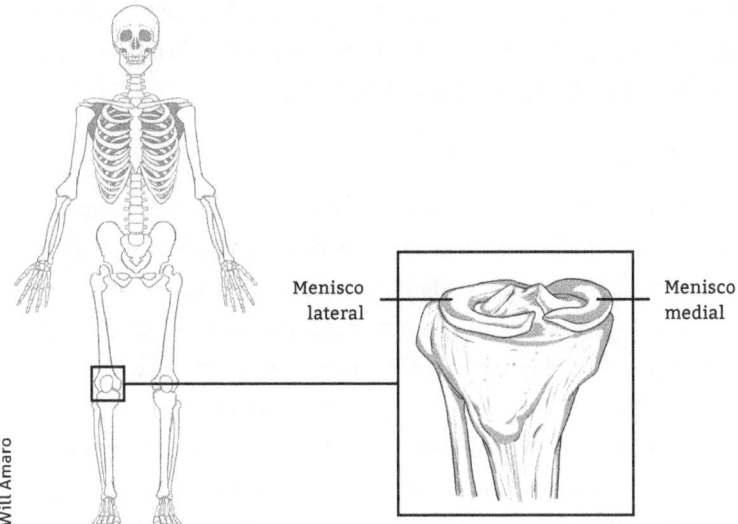

En el caso de lesiones en estas estructuras, una característica muy importante que debemos tener en cuenta nosotros, los profesionales de la salud, es que la vascularización de los meniscos está limitada, básicamente, a la parte más periférica (zona roja). Lo que significa que las lesiones en esta región tienen mayor potencial de cicatrización, mientras que las lesiones en la región central (zona blanca) de los meniscos presentan difícil recuperación. De este modo, la identificación del lugar exacto de la lesión influye tanto en la recuperación como en la elección del tratamiento más adecuado, indicado por el médico. A los profesionales de educación física o de fisioterapia les corresponde la comprensión sobre el lugar de la lesión para comprender el tiempo de recuperación, así como el movimiento más adecuado para exigir mayor esfuerzo de esta articulación en los ejercicios.

En el caso de que el cliente ya presente una lesión en el menisco, realizar la sentadilla profunda puede no ser una buena estrategia, puesto que este movimiento aumenta el riesgo de lesiones en esta estructura (Escamilla, 2001).

Rótula

La rótula o patela es el hueso sesamoideo situado en el plano anterior de la articulación de la rodilla y tiene la función de centralizar la tensión divergente de los músculos extensores de la rodilla, que se transmite al tendón rotuliano, además de dar más esfuerzo de tensión en la extensión de esta articulación (Hall, 2013). ¿Cómo lo hace? En la Figura 3.14, observe que, debido al posicionamiento de la rótula, el tendón rotuliano está más inclinado hacia la parte delantera de la rodilla, proporcionando mayor torque en la extensión de la articulación (flecha gris). Si la rótula no existiera, el tendón pasaría más cercano al fémur (flecha con líneas discontinuas) y la fuerza proporcionada por el cuádriceps no sería tan eficiente para la extensión de la rodilla.

Figura 3.14 La rótula y su función de aumentar el torque en la articulación de la rodilla

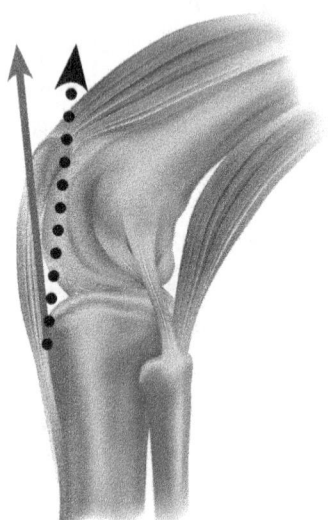

Como se puede comprobar, la fuerza generada por el músculo cuádriceps se transfiere a la rótula, que entra en contacto con el fémur y tracciona la tibia en la extensión de la rodilla (cuando esta se encuentra flexionada). Por eso es plausible creer que, cuanto mayor sea la fuerza producida por el cuádriceps, mayor será la compresión generada entre la rótula y el fémur, es decir, mayor será la *compresión patelofemoral*. Para evitar que los huesos de la rótula y del fémur entren en contacto directo, estas dos estructuras son revestidas por cartílagos que, además de proteger y amortiguar las cargas que pasan constantemente por la articulación, permiten un óptimo deslizamiento entre los dos huesos durante los movimientos de flexión y extensión de la rodilla.

El cartílago rotuliano es uno de los que más pesa en el cuerpo humano y presenta dos características importantes. La primera de ellas es que este cartílago es denervado, es decir, aunque esté comprimido entre la rótula y el fémur no ofrecerá, por ejemplo, síntomas de dolor. La segunda característica es que no es vascularizado. De este modo, en el caso de una lesión en esta estructura, su recuperación es extremadamente lenta (o inexistente) comparada con un músculo, por ejemplo.

Si no es posible advertir cuando hay un pequeño desgaste o la compresión en el cartílago rotuliano, porque no sentimos dolor, ¿por qué mucha gente sufre por dolores en esta región? Eso sucede porque el hueso subcondral (aquel localizado debajo del cartílago) es muy inervado y, por lo tanto, es capaz de producir síntomas de dolor. Si el alumno presenta dolores cercanos a la rótula, es bastante probable que su cartílago ya no esté íntegro o sano y, reiteramos, tiene difícil recuperación.

Cabe destacar una vez más la importancia del profesional de la salud en la orientación adecuada de los ejercicios, de las posturas y de los movimientos de la vida diaria de los clientes, puesto que uno u otro movimiento, realizado un día, difícilmente provocaría una lesión grave del cartílago, pero la acumulación de movimientos acarrea desgastes y dolores a lo largo de la vida.

La analogía entre la rodilla y un neumático de auto es estupenda para explicar la situación. Si un auto pasa por un hueco, probablemente, las ruedas se quedarán desalineadas, y el neumático empezará a sufrir un desgaste, más en un lado que en otro hasta que se haga una nueva alineación. Sin embargo, no será en los primeros kilómetros cuando advertirá el desgaste y, cuando lo note, puede ser demasiado tarde. Lo mismo pasa con las rodillas: realizar pocos movimientos con ellas desalineadas probablemente no generará una lesión, pero la acumulación de estos movimientos proporcionará un desgaste progresivo. La diferencia es que un nuevo neumático se compra fácilmente, pero la sustitución de una rodilla no es tan sencilla.

Mecanismos de lesiones en los miembros inferiores

Aunque los huesos de la pelvis y el fémur sean grandes y fuertes, la articulación de la cadera y la sacroilíaca están sujetas a cargas repetidas diariamente. Las fuerzas de cizallamiento impuestas en el cuello del fémur, durante la marcha o la carrera, aumentan el riesgo de fractura, principalmente en mayores con osteoporosis. Es común pensar que solamente tras una caída puede producirse una fractura, pero, debido a las fuerzas en esta articulación, lo contrario también es verdadero, con la fractura que precede a la caída. En la población mayor, este tipo de fractura representa un problema de salud grave, con gran aumento de riesgo de muerte en los meses posteriores a la fractura (Haentjens et al., 2010).

Debido a una postura inadecuada, el sacro y la articulación sacroilíaca también pueden presentar disfunción. Si, ante las posturas corporales, aumenta la curvatura lumbar, habrá laxitud en los ligamentos sacroilíacos dorsales y tensión en los ligamentos anteriores. Además de eso, asimetrías esqueléticas en los miembros inferiores, como un miembro más pequeño que el otro, también pueden causar laxitud en estos ligamentos (DonTigny, 2011).

Un estudio que evaluó las lesiones óseas más comunes en la pelvis de atletas encontró tres patologías frecuentes: (1) Inflamación en la articulación sacroilíaca (sacroileítis); (2) las fracturas por estrés del cuello del fémur; y (3) la inflamación en los huesos del pubis (osteítis). Las dos lesiones más comunes en los tejidos blandos fueron la tendinitis en el músculo glúteo medio y la bursitis trocantérea o trocanteritis. Las lesiones se produjeron más por desgaste o uso excesivo (82,4%) que por traumas en la región (17,6%). Además de eso, los practicantes de carreras y deportes de raqueta fueron los sujetos más afectados por estos problemas (Lloyd-Smith et al., 1985). En los últimos años, el choque femoroacetabular fue reconocido como una causa común de dolor en la cadera en pacientes físicamente activos, sin señales radiológicas de osteoartritis (Beck et al., 2005; Ganz et al., 2003). Abordaremos las patologías relacionadas con esta condición más adelante.

En la articulación de la rodilla, el sobrepeso y la obesidad se destacan como factores determinantes para el desarrollo de la osteoartritis en la rodilla (Felson et al., 1988), así como las actividades laborales que exijan mucho tiempo agachado o arrodillado (Coggon et al., 2000). En la Sección 3.5, analizaremos las patologías más comunes en esta articulación y sus formas de tratamiento.

3.3 Estructura funcional del *hip core*

En la región del *hip core* está localizada una de las estructuras más funcionales del cuerpo humano: el *suelo pélvico*. Existen muchos interrogantes cuando se relata el hecho de que esta región sea tan útil, pues la funcionalidad del cuerpo está mucho más relacionada con movimientos identificados de manera visual, como agacharse, alcanzar un objeto o, incluso, un gesto deportivo. Sin embargo, para aceptar que un cuerpo humano conserve su funcionalidad, algunas necesidades básicas también deben mantenerse incluso antes de realizar estos movimientos, por ejemplo, el mantenimiento de la continencia urinaria y fecal.

Este tipo de mantenimiento debe ser considerado por el profesional de la salud como prioritario en cualquier programa de entrenamiento, al fin y al cabo, es incoherente decir que un cuerpo es fuerte o funcional cuando realiza con perfección gestos o funciones del día a día, pero, al mismo tiempo, no es capaz de realizar el propio mantenimiento urinario o fecal.

Entre otras funciones relacionadas con el suelo pélvico está la de mantener los órganos pélvicos en sus posiciones anatómicas, incluyendo el soporte al feto en mujeres embarazadas y los beneficios relacionados con la función sexual. Pese a que abordar con los clientes temas como estos, en determinadas circunstancias, sea un poco incómodo o embarazoso, todos somos conscientes de la importancia de estas funciones para nuestra calidad de vida. Así, solamente los mejores profesionales de la salud dominan y abordan la importancia del fortalecimiento de los músculos de esta región, teniendo como objetivo la salud integral de sus clientes.

La articulación más móvil en el complejo del *hip core* está compuesta por una esfera (cabeza del fémur) y una cavidad (acetábulo) conocida como *articulación coxofemoral* (Figura 3.15). Como esta articulación es capaz de moverse en las tres dimensiones del espacio, exige que varias estructuras estén integradas en ella con el fin de generar la estabilidad y la movilidad necesarias para los movimientos diarios. Entre estas estructuras podemos citar la cápsula articular, el *labrum* acetabular y los ligamentos de la cabeza del fémur, el iliofemoral, el pubofemoral, el isquiofemoral y el transverso del acetábulo.

Figura 3.15 Articulación coxofemoral

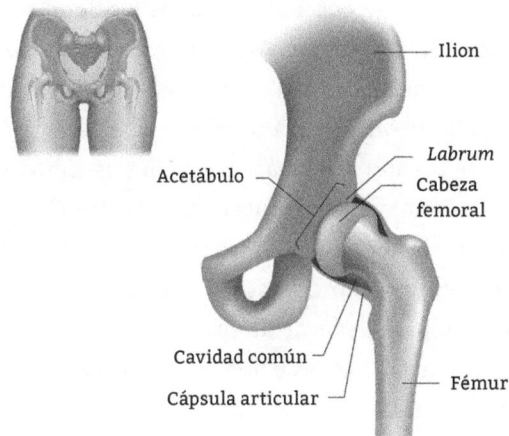

3.3.1 Suelo pélvico y sus funciones

El suelo pélvico está formado por músculos, ligamentos y fascias, que se localizan en la apertura inferior de la pelvis (Figura 3.16). Una forma didáctica para explicarles a nuestros clientes cómo funciona esta región es transferir una imagen en la cual los músculos forman una especie de cama elástica para el soporte en la base pélvica.

Figura 3.16 Suelo pélvico

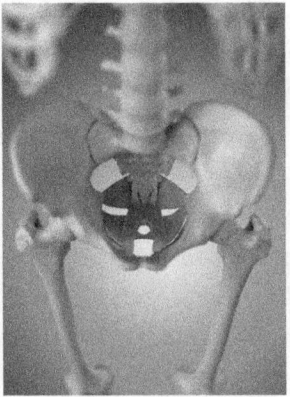

Las funciones y la importancia de fortalecer el suelo pélvico se equiparan al fortalecimiento de todos los demás músculos trabajados en el planeamiento de entrenamiento. Conciencie a los clientes sobre las consecuencias de la debilitación de esta región, como la incontinencia urinaria, que genera drásticas reducciones de la calidad de vida en muchos aspectos, tanto psicológico como social y físico (Chiverton et al., 1996).

Según Abrams et al. (1988, traducción propia), la "incontinencia se define como cualquier pérdida involuntaria de orina suficiente para generar un problema social o higiénico". Actualmente, la incontinencia urinaria se considera un problema de salud pública y su prevalencia aumenta con el paso de los años, pese a estar presente en cualquier fase de la vida (Nygaard et al., 2008). Les afecta más a las mujeres que a los hombres (Thomas et al., 1980), y algunos factores de riesgo pueden estar asociados a la aparición de los síntomas, entre ellos la propia debilidad muscular, el envejecimiento, la obesidad, el trabajo extenuante, el embarazo y los partos vaginales (Fantl; Newman; Colling, 1996; Figueiredo et al., 2008).

De acuerdo con Bø, Talseth y Holme (1999, traducción propia), "el tipo más común de incontinencia urinaria en mujeres es la incontinencia de estrés, definida como la pérdida urinaria durante tos, estornudos o esfuerzo físico, como en actividades deportivas". En Brasil, se estima que el 10.7% de las mujeres buscan atención ginecológica con quejas de pérdida urinaria (Ribeiro; Anzai; Guidi, 1990), pero este porcentaje de prevalencia puede superar el 30% con el proceso de envejecimiento (Nygaard et al., 2008).

Todos estos datos demuestran la importancia de comprender el suelo pélvico, abordar este tema con los clientes y tener posibilidades de fortalecimiento de esta región. Como somos profesionales de la salud, dar énfasis a este fortalecimiento forma parte de nuestro trabajo en la búsqueda de calidad de vida del cliente, pues advertimos que el porcentaje de este tipo de complicación es elevado y, habitualmente, las personas no le revelan espontáneamente este problema al profesional. Debe partir de nosotros, los profesionales, el enfoque sobre el fortalecimiento de estos músculos.

Como la debilidad muscular representa un importante mecanismo de esta disfunción (Hahn et al., 1996), dar buenas orientaciones sobre el fortalecimiento es importante, principalmente a clientes del género femenino. En general, los profesionales que abordan este tema sugieren que los clientes procuren controlar las ganas de orinar, a fin de realizar la contracción del suelo pélvico. Sin embargo, el número y la complejidad de los músculos que comprenden esta región requieren una intención de fuerza más detallada, recomendándoles a los clientes que hagan el movimiento de subir la vejiga o encoger los órganos empujándolos hacia delante y hacia arriba.

Antes de hacer la sugerencia a los clientes, podemos entrenar nosotros mismos, pues notamos que las contracciones no son tan sencillas, aún más porque no se comprueban movimientos amplios visualmente.

Esta intención de fuerza puede orientarse en situaciones del día a día, como para personas que pierden la orina cuando tosen, o es posible recomendar una precontracción para cualquier actividad que necesite un aumento de la presión intraabdominal. Para mujeres incontinentes, aprender a ejecutar rápidamente una contracción del suelo pélvico previene activamente el descenso uretral durante un aumento de la presión intraabdominal, previniendo la incontinencia (Bø, 1995). Algunos estudios relatan que realizar 3 series de 8 a 12 repeticiones submáximas entre 6 y 8 segundos y, a continuación, realizar 3 o 4 contracciones muy rápidas permite aumentar la fuerza de los músculos del suelo pélvico y reducir la incontinencia urinaria en mujeres sometidas a un programa de entrenamiento superior a 3 meses (Fid et al., 2012; Bø; Talseth; Holme, 1999).

Un entrenamiento de fuerza para esta región puede construir el soporte estructural de la pelvis, elevando permanentemente la placa elevadora hacia una posición más alta dentro de la pelvis, además de aumentar la hipertrofia y la rigidez de sus tejidos conjuntivos (Bø, 2004). Sin embargo, las orientaciones deben ser detalladas y constantemente recordadas, pues ya se identificó un gran porcentaje de mujeres que, tras la solicitud de contracción del suelo pélvico, presentaron movimiento contrario (deprimido), lo que puede a largo plazo generar implicaciones negativas para la incontinencia. Estas personas parecían adoptar estrategias de esfuerzo a través de la generación de presión intraabdominal (Thompson; O'Sullivan, 2003).

Debido a la contribución del suelo pélvico a todo el *hip core* e incluso sobre el *core*, con el aumento de la presión intraabdominal y la estabilidad de la articulación sacroilíaca, sus funciones también realizan una contribución importante para la coordinación de las funciones posturales y respiratorias (Hodges; Sapsford; Pengel, 2007). Lo que puede explicar la relación entre la incontinencia y el dolor de espalda, pues ya existe una descripción en la literatura sobre la fuerte asociación entre incontinencia urinaria en mujeres y dolor de espalda (Smith; Russell; Hodges, 2006).

Algunos datos muestran que los músculos del suelo pélvico contribuyen a la respuesta postural asociada a algunos movimientos de los miembros superiores, es decir, estos músculos son activos como un componente de ajuste postural que prepara el cuerpo para movimientos predecibles. Además de esto, la actividad de los músculos del suelo pélvico es tónica durante una tarea postural mantenida y aumentada cuando hay movimientos reactivos del tronco. En conjunto, estos datos sugieren que los músculos del suelo pélvico son controlados por un número de redes integradas en el sistema nervioso, pero su actividad se coordina para ejecutar varias tareas simultáneamente.

3.3.2 Control de la cadera y de la rodilla

Una función importante de la región del *hip core* es la influencia que ejerce en el control de la pelvis y, por consiguiente, de las estructuras localizadas sobre ella, como la columna, y de las estructuras localizadas por debajo de ella, como la rodilla y el tobillo.

Esta región tan central del cuerpo humano, así como el *core*, es capaz de transferir fuerzas externas (p.ej.: gravedad) a las rodillas de manera que reduzcan o aumenten los desgastes de esta articulación. Esto ocurre por la capacidad de control del fémur en los tres planos de movimiento, lo que le proporciona a la rodilla mayor o menor sobrecarga patelofemoral durante actividades diarias o ejercicios físicos. Este es uno de los motivos que demuestra la necesidad de comprensión sobre el fortalecimiento, control y corrección del *hip core* por nosotros, los profesionales de la salud, con el fin de asegurar más salud en la articulación de nuestros clientes.

Muchos músculos son responsables de la estabilidad y de la movilidad de esta región, incluyendo los del suelo pélvico, relatados anteriormente. Sin embargo, también vamos a destacar aquí la importancia del fortalecimiento del glúteo medio y máximo para la salud articular, incluida la de la rodilla.

Desde hace algún tiempo, los investigadores se dieron cuenta de que la articulación patelofemoral podría ser influenciada por movimientos anormales de la cadera, que no conseguía controlar adecuadamente el fémur, principalmente en los planos transverso y frontal (Robinson; Nee, 2007; Powers, 2003). En personas con el síndrome del dolor patelofemoral, se demostró que, durante una sentadilla unilateral, exhiben una excesiva rotación medial del fémur (valgo dinámico), generando un desplazamiento lateral de la rótula y mayor riesgo de desarrollar dolores (Powers et al., 2003). En un estudio de revisión, las evidencias indicaron que hay retraso y menor duración en la activación del glúteo medio durante la actividad de subida y bajada de la escalera, también en portadores del síndrome del dolor patelofemoral (Barton et al., 2013). Es relevante destacar que la contracción del glúteo medio promueve la abducción de la cadera y, por lo tanto, este músculo es uno de los responsables del control del equilibrio corporal durante la marcha, el equilibrio unipodal y la subida de escaleras.

Otra investigación dividió a mujeres con dolores en la rodilla en tres grupos distintos: uno que realizó un protocolo de ejercicios de estiramiento y fortalecimiento solamente para los músculos que controlan la rodilla; otro que realizó este mismo protocolo seguido de ejercicios para el fortalecimiento de los músculos abductores y rotadores externos de la cadera; y un último grupo que no obtuvo tratamiento y se le instruyó para mantener las actividades cotidianas normales. Al final de la intervención de cuatro semanas, realizada con ejercicios a un 79% de una repetición máxima (RM) sin queja de dolor, los investigadores identificaron que los dos grupos que realizaron ejercicios presentaron mejoras significativas en los test funcionales y de escala de dolor subjetivo en comparación con el grupo de control. Sin embargo, en la comparación entre grupos que realizaron ejercicios, el grupo que fortaleció los músculos abductores y rotadores externos de la cadera tuvo una mayor descripción de mejoras en escala de dolor en test que consistían en bajar escaleras (Fukuda et al., 2010). El año siguiente a esta investigación, se realizaron otras evaluaciones con voluntarias del estudio, y los resultados mostraron que el grupo que entrenó los músculos de la cadera tuvo menos dolor y mayor puntuación en los test de función en 3, 6 y 12 meses post entrenamiento en comparación con el grupo que llevó a cabo solamente el fortalecimiento de los músculos de la rodilla (Fukuda et al., 2012).

Durante la práctica profesional, es común escuchar de los clientes que, al realizar un ejercicio de sentadilla o zancadas sienten más tensión muscular y fatiga en los músculos del cuádriceps.

Sin embargo, considerando los datos observados anteriormente, es interesante que, durante estos mismos ejercicios, utilicemos la biomecánica para manipular y garantizar que las fuerzas externas que inciden sobre el cuerpo sean favorables a la activación de los glúteos medio y máximo. Además de ser músculos que son exigidos estéticamente, principalmente por las mujeres, es crucial tener en cuenta la importancia para la salud de las articulaciones que el fortalecimiento de estos músculos puede proporcionar. En el Capítulo 6, trataremos las maneras de incentivar el control y el fortalecimiento de estos músculos específicamente.

3.4 Patologías comunes en la cadera

3.4.1 Choque femoroacetabular

El choque femoroacetabular es una condición resultante del contacto anormal entre el borde del acetábulo y el cuello del fémur, generando un choque mecánico causante de microtraumatismos aplicados en el *labrum* y en el cartílago acetabular (Sankar; Matheney; Zald, 2013). Este contacto patológico limita la amplitud de movimiento fisiológico de la cadera -normalmente, la flexión asociada a la aducción y rotación interna- y puede ser considerado una de las principales causas de artrosis precoz en adultos jóvenes (Ganz et al., 2003).

En las caderas consideradas normales, durante movimientos del día a día o en ejercicios como sentadillas, no existe contacto agresivo entre el fémur y el acetábulo; pero, en personas con anormalidades en esta articulación, se observa el choque de estas estructuras y, en consecuencia, hay un deterioro de la biomecánica de la cadera.

Se cree que gran parte de las personas afectadas en la fase adulta por el choque femoroacetabular han desarrollado las anormalidades en la cadera durante la infancia o adolescencia, pues algunas enfermedades, como la epifisiolisis, tienden a generar deformidades principalmente en el fémur. Otra teoría es la de que fracturas del acetábulo o del cuello femoral, en cualquier fase de la vida, generan deformidades de estas mismas estructuras durante el proceso de consolidación, predisponiendo a los afectados al choque femoroacetabular.

Dependiendo de los hallazgos clínicos y radiográficos, se distinguen dos tipos de choque femoroacetabular (Ganz et al., 2003), aunque la mayoría de las personas que se queja de dolores (el 86%) presente una combinación de ambas formas de choque:

- **Choque femoroacetabular tipo *pincer***

Este choque describe la deformidad en el acetábulo y se caracteriza por una formación ósea, en general localizada en la porción anterior y superior del borde del acetábulo. *Pincer*, en inglés, significa "pellizcar", es como si el acetábulo estuviese cerrando y pellizcando el cuello del fémur (Figura 3.17). Esta deformidad está muy asociada a la lesión del *labrum*, debido a la compresión de la estructura entre el acetábulo y el fémur en las posiciones de choque.

Figura 3.17 Choque femoroacetabular tipo *pincer*

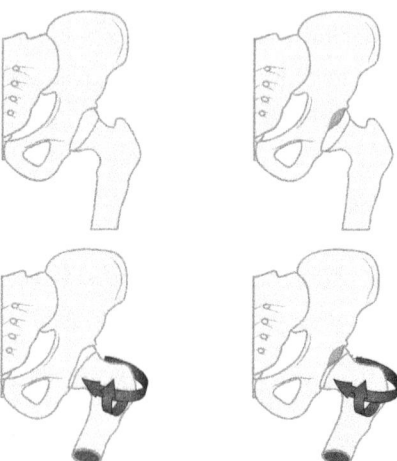

Aksanaku/Shutterstock

Choque femoroacetabular tipo cam

Este choque se caracteriza por una cabeza del fémur no esférica, es decir, es como si hubiera una ondulación en su intersección con el cuello del fémur. Esta deformidad provoca lesión en el *labrum*, pero también es la principal responsable de la lesión de cartílago de la cadera, pues durante los movimientos de flexión y rotación interna del músculo, esta ondulación empuja el interior del borde del acetábulo, causando desgaste y lesión en la unión entre el *labrum* y el cartílago acetabular, que se encuentran en este lugar.

Figura 3.18 Choque femoroacetabular tipo *cam*

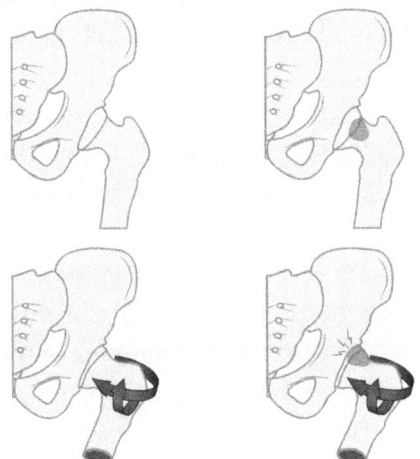

El cliente con choque femoroacetabular anterior se queja, principalmente, de dolor crónico en la región de la ingle, de inicio insidioso, larga duración y deterioro progresivo. Además de esta sintomatología clásica en la ingle, también es característico que la persona afectada ponga la mano cerca de la cresta ilíaca, haciendo una señal en C para demostrar la localización del dolor en el tercio proximal del muslo (Crestani; Teloquen; Gusmão, 2006).

En general, los dolores se acentúan con la actividad física y con la permanencia de los individuos sentados por largos periodos de tiempo. Las actividades de mayor riesgo son las que exigen flexión y aducción de la cadera, asociadas a la rotación interna, y este es uno de los motivos por los cuales se deben evitar sentadillas o la prensa (*leg press*) con las piernas unidas (pies juntos), puesto que aumenta el riesgo de choque femoroacetabular.

Los análisis de imágenes, como los rayos-X, la tomografía computadorizada y la resonancia magnética, son muy utilizados para identificar anormalidades o desgastes en las estructuras óseas y en los tejidos blandos de esta región. Sin embargo, algunos test sencillos también pueden utilizarse para comprobar la posibilidad del choque y el grado en que se pueden ver afectadas las estructuras. Estos test se basan en la relación de los movimientos que simulan la lesión y provocan choque y deterioro de las estructuras blandas, como el *labrum* y los cartílagos localizados entre el acetábulo y el fémur.

Para identificar si hay alguna señal de choque anterior, el cliente permanece en decúbito dorsal y con una pierna en 90° de flexión de cadera y de rodilla, mientras el evaluador realiza una rotación medial y aducción forzadas en esta misma pierna (Figura 3.19). En el caso de que el cliente señale que siente dolor, el test es positivo para choque anterior y muestra que han sido afectadas las estructuras de la articulación. Para la evaluación del choque posterior, el cliente permanece en decúbito dorsal y con el músculo en extensión máxima. Con el objetivo de facilitar esta posición, el miembro inferior en el que se harán las pruebas debe quedar sin apoyo, fuera de la mesa o camilla de evaluación. El evaluador realiza una rotación externa forzada de cadera y habrá señal de choque posterior y daño de las estructuras si el cliente señala que siente dolor durante el test (Tannast; Siebenrock; Anderson, 2007).

Figura 3.19 Test para choque femoroacetabular

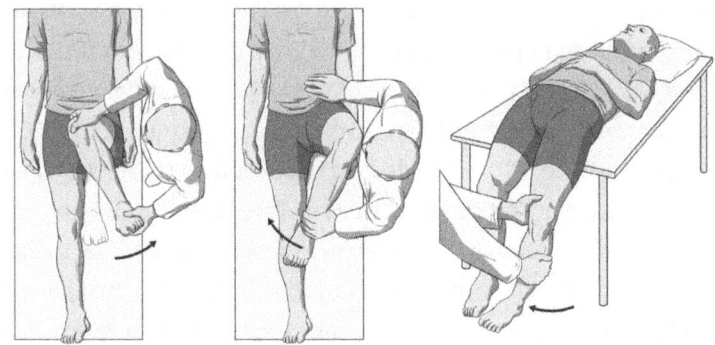

▪ Tratamiento

El tratamiento del choque femoroacetabular puede ser quirúrgico o no, pues dependerá principalmente del grado de deterioro de la articulación y de las quejas de los clientes afectados. En un tratamiento no quirúrgico, los médicos indican medicamentos para el alivio del dolor y antiinflamatorios, sin embargo, estas acciones no tratan la causa del problema, y el cliente sigue presentando cuadros de mejora y deterioro si no realiza cambios en los hábitos de vida que aumentan las posibilidades de choque.

Nosotros, los profesionales de la salud, tenemos gran responsabilidad en estas orientaciones, pues las indicaciones de ejercicios físicos con aducción, rotación interna y flexión de cadera aumentan la probabilidad de cuadros dolorosos. También podemos orientar a los clientes a mejorar la posición de la articulación en actividades de la vida diaria, como en las sentadillas para sentarse en una silla o sofá, en lo relacionado con la postura y los ajustes ideales para andar en bicicleta. Todos estos detalles asociados reducen significativamente la probabilidad de dolores por el choque.

En cuanto a nuestra intervención durante ejercicios de resistencia, es interesante, inicialmente, utilizar técnicas y recursos que posibiliten el aumento de movilidad de la cadera con bajo riesgo de choque femoroacetabular. Luego, el foco pasa a ser el aumento de fuerza y reequilibrio de los músculos que son responsables por la estabilización de la articulación de la cadera, como el glúteo medio y máximo, además de orientaciones para el control del movimiento de los miembros inferiores, a fin de evitar inestabilidades, como, por ejemplo, el valgo dinámico durante las sentadillas. Estas estrategias tienen como objetivo reeducar los movimientos del cliente para que realice las actividades del día a día, y también las deportivas, con mejor absorción de cargas en la articulación de la cadera. Lo que previene el choque precoz de las estructuras óseas y blandas en esta articulación.

La asociación entre el aumento de la movilidad y de la estabilidad articular, seguida por el aumento de la fuerza muscular y de la reeducación de los movimientos de la vida cotidiana y durante los ejercicios resuelven, en gran parte, los casos de dolores provenientes del choque femoroacetabular, incluso aquellos que presentan lesiones leves de *labrum* y cartílago.

3.5 Patologías comunes en la rodilla y en el tobillo

3.5.1 Condromalacia y síndrome del dolor patelofemoral

Muchas veces, estos dos términos son asociados y confundidos entre los profesionales, pero vamos a aclarar las diferencias.

El *síndrome del dolor patelofemoral* es una condición dolorosa en la región de la rodilla que abarca, principalmente, la rótula y el fémur. Este síndrome lo produce un desequilibrio biomecánico, en gran parte relacionado con la rodilla valga, con la debilidad de los músculos de la cadera y del muslo, con la anchura excesiva de la pelvis, con el mal posicionamiento de la rótula, entre otros motivos. La patología afecta a más mujeres que a hombres y también es común entre personas con un alto grado de entrenamiento, que utilizan constantemente esta articulación para los movimientos deportivos (Fukuda et al., 2010; 2012).

Los clientes afectados por el síndrome del dolor patelofemoral, frecuentemente relatan dolor en la rodilla cuando suben o bajan escaleras, cuando se agachan o saltan o incluso cuando permanecen sentados largos periodos de tiempo. Otros síntomas incluyen crujidos o chasquidos al agacharse, andar, correr o subir escaleras, así como la sensación de que hay arena dentro de la articulación. Es en este punto donde llegamos a la condromalacia, pues esta sensación está muy relacionada con esta condición.

La palabra *condromalacia* puede dividirse en *condro* – de cartílago – y *malacia* – que se refiere al ablandamiento o debilidad, ambos del griego. Por lo tanto, la condromalacia es una característica anormal del cartílago que recubre la región articular de la rótula, y su clasificación se inicia en un grado más sencillo, como el ablandamiento, hasta un grado más elevado con la aparición de fisuras, de degeneración y de exposición del hueso subcondral. En este sentido, la condromalacia puede o no ser una característica presente en el síndrome del dolor patelofemoral, dado que, principalmente en etapas iniciales, aunque se produzca el ablandamiento del cartílago, aún puede estar protegiendo la región.

El cartílago rotuliano es un tejido que no presenta terminaciones nerviosas y, por lo tanto, no sentimos dolores si tenemos una lesión en esta estructura. Sin embargo, la lesión del cartílago compromete la absorción y la disipación de las cargas entre la rótula y el fémur, y eso pasa a sobrecargar a otras estructuras muy inervadas de esta articulación como es el caso de los tendones, de los ligamentos y del hueso debajo del cartílago (subcondral), que generalmente son el origen del dolor.

Tratamiento

Los tejidos cartilaginosos del cuerpo humano presentan una pequeña o ninguna vascularización y, por lo tanto, bajo potencial de cicatrización. Eso ocasiona que, una vez presente la lesión del cartílago, la reacción inflamatoria sea pequeña y la posibilidad de cicatrización casi inexistente. Así, el objetivo principal del tratamiento es evitar la progresión de la enfermedad y reeducar al cliente sobre los movimientos articulares que son perjudiciales para que no sean ejecutados en el día a día o durante los ejercicios físicos.

Las primeras posibilidades abarcan la utilización de técnicas convencionales como la crioterapia (utilización de hielo en la región) para reducir el edema y el dolor, además del tratamiento con medicamentos. El paso siguiente es la mejoría de la función de la rodilla, alcanzada mediante orientación en lo que se refiere a los movimientos de la vida cotidiana y ejercicios de fortalecimiento muscular, tanto para los músculos que se mueven y estabilizan la rodilla como para los que hacen lo mismo con la cadera. El aumento de fuerza muscular garantiza la reducción de las fuerzas que actúan sobre la rodilla y preserva las estructuras cartilaginosas, impidiendo o retrasando el progreso de la condromalacia.

Además del fortalecimiento, el entrenamiento del control dinámico de los miembros inferiores es parte fundamental del tratamiento. Los patrones anormales de movimiento, como el valguismo de la rodilla durante la sentadilla bipodal o unipodal, empeoran la consistencia de la articulación patelofemoral y favorecen el desarrollo de la condromalacia. De este modo, el fortalecimiento del complejo posterolateral de la cadera, incluyendo los músculos abductores, los rotadores laterales y los extensores, ya fue mencionado como fundamental en el tratamiento del dolor patelofemoral (Fukuda et al., 2010, 2012).

3.5.2 Entorsis de tobillo

Las entorsis son las lesiones más comunes en el tobillo y, como la cápsula articular y los ligamentos son más fuertes en la cara medial, las entorsis por inversión abarcando la distensión o la ruptura de los ligamentos son mucho más comunes que las entorsis por eversión en los ligamentos mediales (Hertel, 2000; Yeung et al., 1994). Además de esto, existe una mayor protección causada por la acción del miembro opuesto, que puede auxiliar en el caso de una entorsis medial, pero no existe la misma posibilidad en el caso de una entorsis lateral. Los ligamentos más comúnmente afectados son los ligamentos talofibular anterior y posterior y el ligamento calcaneofibular.

La repetición de las entorsis en el tobillo puede derivar en inestabilidad funcional, que se caracteriza por patrones de movimiento significativamente alterados del tobillo y la rodilla. Las investigaciones sugieren que este hecho está relacionado con alteraciones en el control del complejo tobillo/pie, lo que termina predisponiendo el tobillo a lesiones adicionales (Delahunt; Monaghan; Caulfield, 2006).

■ Tratamiento

Frecuentemente, el uso de tobilleras es una medida preventiva de entorsis o de recidiva de esta lesión, utilizadas principalmente en las actividades deportivas profesionales o de aficionados. Las tobilleras son proyectadas para estabilizar el tobillo y mantenerlo en posición neutra, contrarrestando la rotación que actúa de modo inverso (Thonnard et al, 1996).

En relación con los ejercicios, los movimientos suaves con baja sobrecarga deben iniciarse después de 48 horas de la entorsis con el objetivo de movilizar la articulación para lentamente restaurar las amplitudes normales. Después de la reducción de la hinchazón, la articulación del tobillo puede o no estabilizarse (depende del grado de lesión de la entorsis), y el soporte de carga se restablece gradualmente. Además de esto, un entrenamiento sensoriomotor simultáneo es favorable, debiendo iniciarse lo más pronto posible. Este tipo de entrenamiento debe adoptarse para evitar recidivas de entorsis en esta articulación.

▌▌▌ *Síntesis*

El núcleo del *hip core* es tan rico en detalles y fundamental para la salud y para el control postural del cuerpo que exige estudios y orientaciones muy específicas para esta región. Observamos, en este capítulo, que las estructuras contenidas en el *hip core* proporcionan desde la preservación de funciones primarias para la salud, como el control urinario y fecal, el mantenimiento de los órganos pélvicos en sus posiciones anatómicas, la función sexual, incluso el control de la articulación de la cadera, que permite un mejor dominio de otras articulaciones como la rodilla y el tobillo.

Como esta región es muy central en el cuerpo, también es la responsable de transferir sobrecargas ascendentes, oriundas de los miembros inferiores en dirección a la columna, así como las cargas descendentes, que son transferidas de la columna hacia el *hip core* y hacia los miembros inferiores, lo que revela la importancia del profesional para el fortalecimiento inteligente de esta región.

▌ *Actividades de autoevaluación*

1. Analice las siguientes afirmaciones y señale la única alternativa **incorrecta**:
    a) La incontinencia urinaria afecta más a mujeres que a hombres y es prevalente en personas mayores, aunque pueda ocurrir en cualquier fase de la vida.
    b) El entrenamiento de fuerza para la región del suelo pélvico puede construir el soporte estructural de la pelvis,

elevando permanentemente la placa elevadora hacia una posición más alta dentro de la pelvis, además de aumentar la hipertrofia de los músculos localizados en esta región.

c) La incontinencia urinaria se define como cualquier pérdida involuntaria de orina suficiente para generar un problema social o higiénico y, actualmente, es considerada un problema de salud pública.

d) Pese a ser un problema social, en muchos casos, la incontinencia urinaria puede tratarse con ejercicios específicos para esta región y, por lo tanto, debe ser una de las preocupaciones del profesional de la salud.

e) El suelo pélvico comprende la región de la apertura superior de la pelvis y está formado por músculos, ligamentos y fascias localizados en esta región.

2. Analice el siguiente párrafo y señale la alternativa que completa adecuadamente los espacios:

El choque femoroacetabular es una condición que resulta del contacto anormal entre la _____ y el _____, que genera un choque mecánico causante de microtraumatismos aplicados en el _____ y en el cartílago acetabular.

Normalmente, los movimientos en la articulación de la cadera que se asocian con el choque femoroacetabular son los de flexión, aducción y _____, realizados simultáneamente.

a) reborde gleniodeo; fémur; *labrum;* rotación interna.
b) reborde acetabular; fémur; *labrum;* rotación interna.
c) reborde acetabular; trocánter mayor; ligamento redondo; rotación interna.
d) reborde glenoideo; fémur; *labrum;* rotación externa.
e) reborde acetabular; fémur; ligamento redondo; rotación externa.

3. Analice las siguientes afirmaciones sobre las patologías frecuentes localizadas en la rodilla y en el tobillo e indique V para las verdaderas y F para las falsas.

( ) La condromalacia es una característica anormal del cartílago que recubre la región articular de la rótula y se clasifica de 1 a 4 dependiendo del grado de afectación.

( ) El cartílago rotuliano es un tejido que presenta terminaciones nerviosas y, por lo tanto, sentimos dolores cuando se produce una lesión en esta estructura.

( ) El síndrome del dolor patelofemoral se trata de una condición dolorosa en la región de la rodilla que abarca, principalmente, la rótula y el fémur.

( ) Considerando que hay un bajo potencial de cicatrización de la rodilla, el principal objetivo del profesional es evitar la progresión de la enfermedad, reeducando al cliente sobre los movimientos articulares que deben evitarse, además del fortalecimiento de los músculos de la región.

( ) Las entorsis de tobillo por eversión abarcando la distensión o la ruptura de los ligamentos mediales son más comunes que las entorsis por inversión en los ligamentos laterales.

Ahora, señale la alternativa que presente la secuencia correcta:

a) V, V, V, V, F.
b) V, F, F, V, F.
c) F, F, V, F, V.
d) V, F, V, V, F.
e) F, F, V, V, F.

4. Sobre el choque femoroacetabular, señale la alternativa correcta:

a) El choque de tipo *pincer* se caracteriza por una formación ósea normalmente localizada en la porción anterior y superior del borde del acetábulo. Esta deformidad está muy asociada a la lesión del *labrum*, por el hecho de que esta estructura queda comprimida entre el fémur y el acetábulo en las posiciones de choque.

b) El choque de tipo *cam* se caracteriza por una cabeza del fémur no esférica, lo que provoca lesión en el *labrum*, pero también es el principal responsable de lesión de cartílago de la cadera durante los movimientos de extensión y rotación interna del muslo.

c) El choque de tipo *pincer* se caracteriza por una formación ósea, normalmente localizada en la porción posterior y superior del borde del acetábulo. En estos casos, hay gran asociación con la lesión en el cuello del fémur debido a los choques causados por el contacto de estas estructuras.

d) El choque de tipo *cam* se caracteriza por una formación ósea localizada en la región anterior y superior al borde del acetábulo. En este tipo de situación, la lesión de los cartílagos de la cadera se ve muy afectada como resultado de la compresión sufrida entre los huesos del fémur y el acetábulo.

5. (AOCP – 2015 – EBSERH, traducción propia) Marque la alternativa **incorrecta** sobre la condromalacia patelar:

   Año: 2015 **Tribunal:** INSTITUTO AOCP Órgano: EBSERH **Examen:** Fisioterapeuta (HC-UFG)

   a) La condromalacia tiene cuatro fases, ya que el edema y el ablandamiento del cartílago solo ocurren en la 4ª fase.

   b) La condromalacia patelar es común en jóvenes adultos, especialmente jugadores de fútbol, ciclistas, jugadores de tenis y corredores.

   c) La condromalacia se caracteriza por el ablandamiento del cartílago rotuliano, que puede ser provocado por el desequilibrio articular.

d) Uno de los factores que puede predisponer la aparición de la condromalacia es la falta de calentamientos antes de la práctica de ejercicios físicos.
e) Los portadores de condromalacia patelar deben evitar ejercicios de alto impacto.

6. Sobre la biomecánica de los miembros inferiores, analice las siguientes afirmaciones e indique V para las verdaderas y F para las falsas.

( ) Es posible afirmar que el músculo recto femoral está en insuficiencia activa cuando la cadera está en máxima flexión, mientras la rodilla está en máxima extensión.
( ) El *labrum* del acetábulo es una estructura fibrocartilaginosa, localizada en el borde del acetábulo con función de contención, estabilización y aumento de la superficie acetabular.
( ) El cartílago rotuliano es denervado y vascularizado, por eso no sentimos dolores cuando está comprimido, pero, si se lesiona, su recuperación es rápida debido al alto flujo sanguíneo en la región.
( ) Los meniscos son estructuras fibrocartilaginosas semicirculares localizadas entre el fémur y la tibia. Entre sus funciones están la amortiguación de impacto, la lubricación, la estabilización y la distribución de las cargas que pasan por esta articulación.

Ahora, señale la alternativa que presenta la secuencia correcta:
a) V, V, F, F.
b) F, V, F, V.
c) V, V, F, V.
d) F, F, V, V.
e) V, F, F, V.

7. (Instituto Pró-Município – 2018 – Ayuntamiento de Solonópole/CE, traducción propia) La rótula es el mayor hueso sesamoideo del cuerpo humano, y se divide en base (larga y superior) y ápice (puntiagudo e inferior) y se articula solamente con el fémur. El ligamento rotuliano es una cinta de tejido fibroso que une el ápice de la rótula con la parte inferior del tubérculo tibial. Señale la alternativa correcta sobre la principal función biomecánica de la rótula:

   a) Bloquear los movimientos sobre el plano coronal.
   b) Aumentar el brazo de palanca del cuádriceps.
   c) Aumentar el torque mecánico del cuádriceps.
   d) Limitar los movimientos de rotación de la rodilla.

Actividades de aprendizaje

Cuestiones para reflexionar

1. Aunque sea un tema delicado para hablarlo con los clientes, el porcentaje de personas afectadas por problemas relacionados con la incontinencia urinaria es grande, principalmente entre las del género femenino. ¿Cómo es posible adoptar prácticas y formas de introducir este tema en las clases para auxiliar la prevención y para que las personas busquen ayuda profesional en estas situaciones?

2. Entre los ejercicios para miembros inferiores están variaciones que generan gran riesgo de lesión para los clientes, dependiendo de algunas características anatómicas. Entre las variaciones que utiliza y conoce, ¿cuáles presentan menor y mayor riesgo de desarrollo de choque femoroacetabular y condromalacia patelar? Justifíquelo.

Actividad aplicada: práctica

1. Conocer y sentir el cuerpo en sus detalles es uno de los procesos fundamentales para ser más eficiente en las orientaciones prácticas a los clientes. Realice una investigación sobre locales que desarrollen actividades que nunca ha practicado, por ejemplo, pilates, yoga, gimnasia hipopresiva, calistenia, etc. Haga al menos una clase experimental en cada una de ellas para visualizar las diversas formas de observar el cuerpo y las diferentes orientaciones dadas por estos profesionales.

Capítulo 4

Biomecánica aplicada al *shoulder core*

Si la articulación del hombro es la que presenta la mayor amplitud de movimiento del cuerpo humano y aún cuenta con una pequeña cara glenohumeral, ¡imaginemos los mecanismos y la cantidad de músculos necesarios para moverla con seguridad y eficiencia! Por ello es común que las investigaciones demuestren que la incidencia de lesiones en esta articulación es alta, tanto en individuos sedentarios como en personas activas solamente para ocio o en atletas de alto rendimiento.

De este modo, en este capítulo, analizaremos los detalles del *shoulder core*, que conducen al profesional a prescribir y orientar con más eficiencia los ejercicios físicos que abarcan la movilización o la estabilización de miembros superiores.

4.1 Concepto y anatomía del *shoulder core*

El *shoulder core* es el nombre utilizado para describir el complejo del hombro, abarcando sus músculos, sus articulaciones y sus movimientos. Es común que, sobre la articulación del hombro, nos acordemos solamente de la articulación glenohumeral, pero, para permitir estabilidad y movilidad saludable en esta articulación específica, muchos otros músculos y articulaciones deben estar simultáneamente convergidos para garantizar su seguridad y su movimiento.

Veamos en el Cuadro 4.1, los músculos de este complejo y sus funciones, considerando el cuerpo en pie y en posición neutra.

Cuadro 4.1 Descripción de los músculos del *shoulder core*, sus orígenes, inserciones y movimientos realizados

Shoulder core	Origen	Inserción	Acción
Supraespinoso	Fosa supraespinosa	Tubérculo mayor del húmero	Abducción y ayuda en la rotación lateral
Infraespinoso	Fosa infraespinosa	Tubérculo mayor del húmero	Rotación lateral y abducción horizontal
Subescapular	Toda la superficie anterior de la escápula	Tubérculo menor del húmero	Rotación medial
Redondo menor	Margen posterolateral de la escápula	Tubérculo mayor, diáfisis del húmero adyacente	Rotación lateral y aducción horizontal

(continúa)

(Cuadro 4.1 – continuación)

Shoulder core	Origen	Inserción	Acción
Redondo mayor	Margen lateral y ángulo inferior de la escápula por la cara posterior	Cara anterior del húmero	Extensión, aducción y rotación medial
Deltoides anterior	Tercio externo de la clavícula, acromion, espina de la escápula	Tuberosidad deltoidea del húmero	Flexión, aducción horizontal y rotación medial
Deltoides medio	Tercio externo de la clavícula, acromion, espina de la escápula	Tuberosidad deltoidea del húmero	Abducción, abducción horizontal
Deltoides posterior	Tercio externo de la clavícula, acromion, espina de la escápula	Tuberosidad deltoidea del húmero	Extensión, abducción horizontal y rotación lateral
Trapecio	Línea nucal superior, ligamento nucal y apófisis espinosas de la C7 a la T12	Borde posterior de la clavícula, acromion y espina de la escápula	Elevación del hombro, retracción de las escápulas, rotación superior de las escápulas y depresión del hombro, inclinación homolateral, rotación contralateral y extensión de la cabeza
Pectoral mayor (parte clavicular)	Dos tercios mediales de la clavícula	Cara lateral del húmero largo debajo de la cabeza	Flexión, aducción horizontal y rotación medial

(Cuadro 4.1 – conclusión)

Shoulder core	Origen	Inserción	Acción
Pectoral mayor (parte esternal)	Cara anterior del esternón y cartílago en las primeras seis costillas	Cara lateral del húmero largo debajo de la cabeza	Extensión, aducción, aducción horizontal y rotación medial
Serrato anterior	Cara externa de la 1ª a 9ª costilla	Borde medial, ángulo superior e inferior de la escápula	Rotación superior, protracción y depresión de la escápula
Romboides	Apófisis espinosas de la C7 a la T5	Borde medial de la escápula	Retracción y rotación inferior de las escápulas y elevación del hombro
Dorsal ancho	Seis vértebras torácicas inferiores y todas las vértebras lumbares, cara posterior del sacro, cresta ilíaca, tres costillas superiores	Cara anterior del húmero	Extensión, aducción, rotación medial y aducción horizontal

Fuente: Hall, 2013, traducción propia.

En el complejo del *shoulder core*, identificamos también un grupo muscular muy conocido, el *manguito rotador*, comprendido por los músculos subescapular, infraespinoso, supraespinoso y redondo menor. Entre sus funciones está la de realizar las rotaciones externa e interna, además de ser muy responsable por la estabilización de la articulación glenohumeral.

El músculo subescapular es uno de los estabilizadores de la parte anterior de la cabeza del húmero y, en la parte posterior, el músculo infraespinoso es el responsable de la estabilización.

Debido al sentido oblicuo de las fibras de los músculos infraespinoso, redondo menor y subescapular, estos tienen función en la depresión de la cabeza del húmero, una actividad importante para aumentar el espacio subacromial comprendido por la distancia entre el acromion y el tubérculo mayor del húmero.

Funcionalmente, los músculos del manguito rotador en conjunto con el músculo deltoides forman un mecanismo estabilizador de la articulación glenohumeral como resultado de la fuerza en elevación del músculo deltoides, sumada a las acciones centralizadora y depresora del manguito rotador sobre la cabeza del húmero (Figura 4.1).

Figura 4.1 Acción de los músculos deltoides, supraespinoso y subescapular para la estabilización del húmero en la cavidad glenoidea.

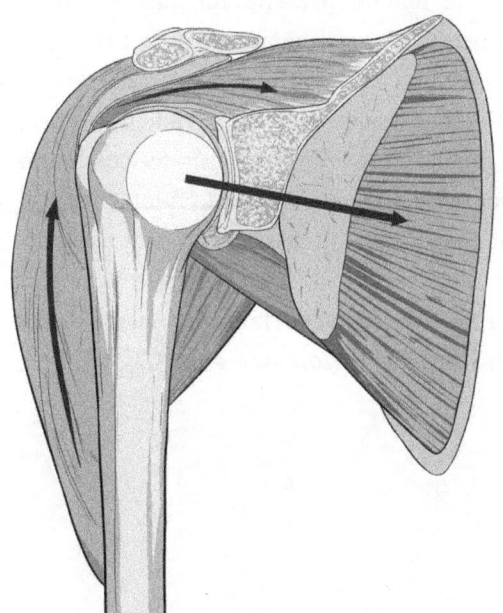

Will Amaro

4.2 Biomecánica del hombro y del codo

La gran amplitud de movimiento de la articulación de los hombros es fundamental para las actividades diarias y, a la vez, puede proporcionar más riesgos para esta articulación. Esta capacidad de grandes movimientos es posibilitada por las características de las variadas articulaciones que componen el complejo del hombro, como la esternoclavicular, la acromioclavicular, la coracoclavicular, la glenohumeral y la escapulotorácica. Debido al uso diario e intenso de los brazos y de las manos, los hombros necesitan tener un alto grado de protección estructural y control funcional.

Funciones y movimientos

El complejo del hombro presenta muchas articulaciones y cada una de ellas contribuye al movimiento del brazo, por medio de acciones articulares coordinadas. Aunque sea posible crear pequeños movimientos aislados en cada una de estas articulaciones, el movimiento amplio se produce con la integración de actividades entre ellas, permitiendo también que el hombro se mueva con seguridad. Entre los gestos de la articulación de esta parte del cuerpo están los de flexión, extensión, abducción, aducción, circunducción, rotación lateral, rotación medial, de abducción y de abducción horizontal (Figura 4.2).

Figura 4.2 Movimientos de la articulación del hombro

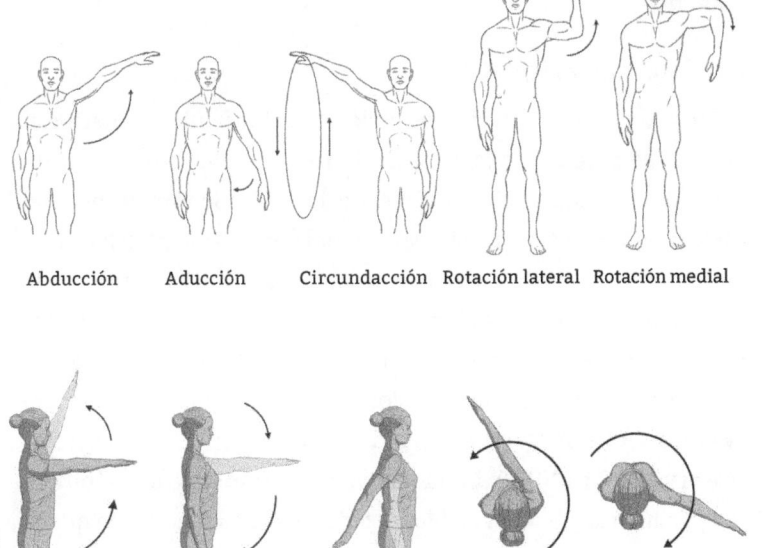

■ Estructura

En la articulación del hombro encontramos bursas o bolsas que secretan líquido sinovial, amortiguan y reducen la fricción entre las capas de tejidos conectivos. La bolsa subacromial está ubicada debajo del acromion de la escápula y del ligamento coracoacromial y encima de la articulación glenohumeral. Esta bolsa amortigua los músculos del manguito rotador, más específicamente el músculo supraespinoso del acromion, y puede irritarse cuando se comprime repentinamente durante la acción de elevación del brazo.

Veamos, a continuación, las características estructurales de cada una de las articulaciones que componen el complejo del hombro.

■ Esternoclavicular

El único punto de fijación esquelética del miembro superior al tronco se produce en la articulación esternoclavicular. Se trata de una articulación sinovial que une la clavícula al manubrio del esternón y proporciona el eje principal de rotación para los movimientos de la clavícula y de la escápula. Los movimientos de la clavícula en la articulación esternoclavicular se verifican en los tres planos de movimiento, como en el sentido superior (elevación) e inferior (depresión), en los sentidos anterior (protracción) y posterior (retracción), además de la rotación anterior y posterior (Terry; Chopp, 2000). En la elevación máxima de los hombros se produce la posición de bloqueo de esta articulación, lo que le proporciona estabilidad.

■ Acromioclavicular

Se trata de una articulación plana entre la carilla articular del acromion y la de la clavícula. Es en esta articulación donde se produce la mayoría de los movimientos de la escápula relacionados con la clavícula, y la articulación convive con grandes tensiones de contacto debido al resultado de las elevadas cargas axiales que se transmiten por la articulación (Terry; Chopp, 2000). En el movimiento de elevación del brazo se da la rotación de esta articulación y, cuando el brazo está abducido a 90°, se produce la posición de bloqueo de esta articulación.

■ Coracoclavicular

La articulación coracoclavicular une la clavícula con la apófisis coracoides de la escápula por el ligamento denominado *coracoclavicular*. Esta articulación permite poco movimiento.

Las articulaciones esternoclavicular, acromioclavicular y coracoclavicular aparecen representadas en la Figura 4.3, que aparece a continuación.

Figura 4.3 Articulaciones esternoclavicular, acromioclavicular y coracoclavicular

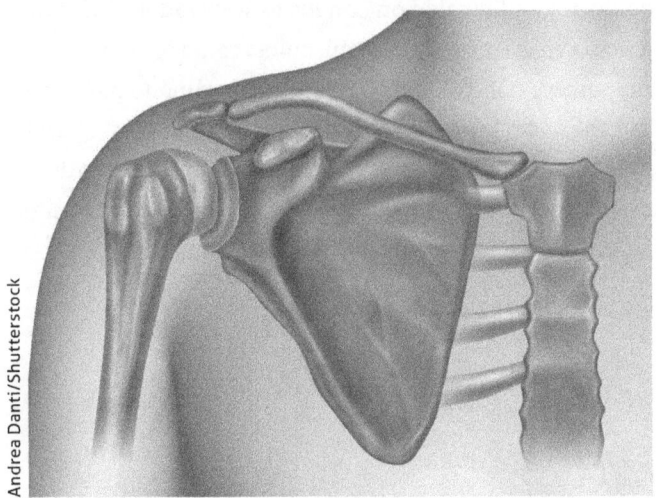

Glenohumeral

Podemos considerar esta la principal articulación del complejo del hombro y la que permite la mayor amplitud de movimiento, incluso entre todas las articulaciones del cuerpo. Entre las características que posibilitan esta amplitud está la cavidad glenoidea superficial (Figura 4.4). Esta cavidad tiene solamente un cuarto del tamaño de la cabeza del húmero que, a su vez, mantiene contacto con la cavidad solamente entre un 25% y un 30% de su tamaño.

Como hay poco contacto entre la cavidad glenoidea y la cabeza del húmero, la articulación glenohumeral depende mucho de las estructuras de ligamentos y músculos para mantener su estabilidad. Esta estabilidad es proporcionada por componentes estáticos y dinámicos, que viabilizan el soporte y la orientación, además de mantener la cabeza del húmero en la cavidad glenoidea (Terry; Chopp, 2000). Entre los estabilizadores estáticos pasivos están la superficie articular, el *labrum* glenoideo, los ligamentos y la cápsula articular. Esta articulación también está completamente sellada, lo que proporciona succión y resistencia a las fuerzas de luxación. En relación con los estabilizadores dinámicos, podemos considerar algunos músculos, como los del manguito rotador, que se contraen en un patrón coordinado para comprimir la cabeza del húmero contra la cavidad glenoidea. También hacen la rotación y la depresión de la cabeza del húmero durante la elevación del brazo, para que la cabeza del húmero se mantenga en su posición en la articulación (Terry; Chopp, 2000).

Figura 4.4 **Cavidad glenoidea**

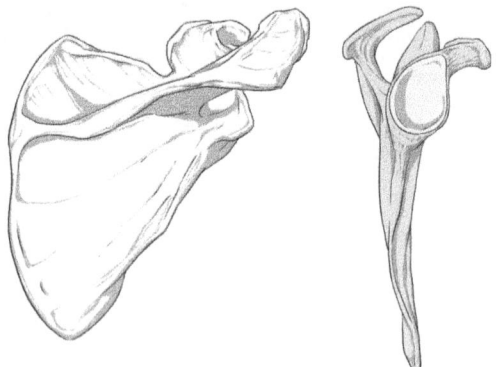

Will Amaro

Escapulotorácica

Podemos considerar la articulación escapulotorácica como una articulación funcional, pues no presenta las características anatómicas comunes a las demás articulaciones, como la unión de los tejidos cartilaginosos. Esta articulación consiste en la escápula y en sus músculos, activos en la estabilización del hombro. Para facilitar los movimientos de los miembros superiores, es necesaria la movilidad de la articulación escapulotorácica para el consecuente posicionamiento de la articulación glenohumeral.

Los movimientos y la importancia del movimiento equilibrado entre esta articulación y la glenohumeral serán presentados en la próxima sección.

■ Articulación del codo

Aunque el codo comúnmente sea considerado una articulación en bisagra, en verdad, presenta tres articulaciones que permiten el movimiento entre los tres huesos del brazo y del antebrazo – húmero, radio y cúbito. Todos contenidos en la misma cápsula articular, reforzada por los ligamentos colateral radial anterior y posterior y colateral cubital.

El movimiento entre el brazo y el antebrazo se produce en la articulación humerocubital mientras que los movimientos entre el radio y el cúbito tienen lugar en las articulaciones radiocubitales (Fornalski; Gupta; Lee, 2003). El húmero tiene dos epicóndilos, uno lateral y uno medial, además de la tróclea, que hace contacto con el cúbito para los movimientos de flexión y de extensión del codo (Figura 4.5). En el antebrazo, los movimientos son los de supinación y de pronación (Fornalski; Gupta; Lee, 2003).

Figura 4.5 Articulación del codo

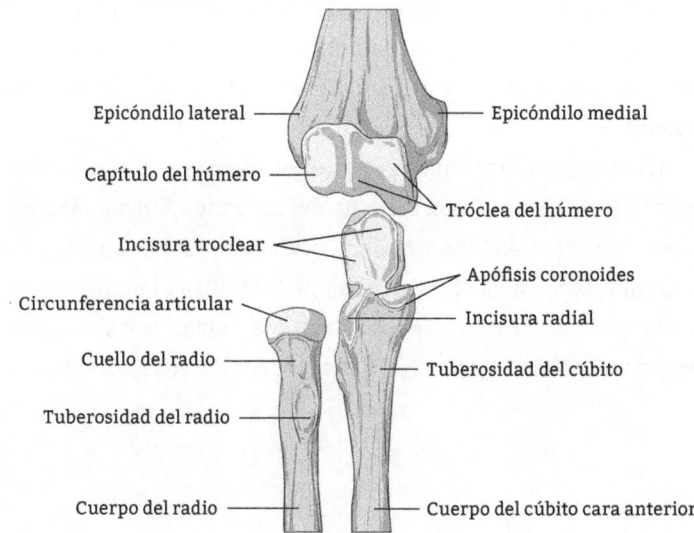

▪ Mecanismos de lesiones en los miembros superiores

La lesión más común entre atletas y trabajadores que realizan movimientos con los brazos por encima de la cabeza, más específicamente abducción o flexión asociada a la rotación medial, es el síndrome de Impacto de Hombro (Michener; McClure; Karduna, 2003). La causa del disturbio es la presión progresiva sobre los tendones del manguito rotador por las estructuras óseas y de tejido blando de la región. Este contacto puede dar como resultado la inflamación de los tendones o de las bursas o, en casos graves, la ruptura de uno de los tendones del manguito rotador. El músculo más comúnmente afectado es el supraespinoso (Koester; George; Kuhn, 2005).

Recientemente, un grupo de investigadores reconstruyó modelos anatómicos tridimensionales a partir de imágenes de resonancia magnética del hombro de individuos sintomáticos y asintomáticos para el síndrome de impacto de hombro. Identificaron la existencia de la distancia mínima entre el arco coracoacromial y la inserción del músculo supraespinoso en el tubérculo mayor – entre 30°-90° –, mientras que la menor distancia del tendón del supraespinoso se determinó entre 0°-60° (Lawrence et al., 2017). Los resultados de este estudio dan soporte para la compresión mecánica del manguito rotador como un mecanismo potencial para el desarrollo del síndrome de impacto de hombro.

Otro mecanismo que puede generar mayor riesgo para el desarrollo de lesiones es el formato del acromion. Un bajo ángulo lateral del acromion (Bana; Miller; Totterman, 1995), como si estuviera inclinado hacia abajo en el plano frontal, y una gran extensión lateral del acromion se asociaron a la mayor prevalencia de choque y ruptura del manguito rotador (Balke et al., 2013).

4.3 Estructura funcional del *shoulder core*

Como la articulación más móvil y compleja del cuerpo humano, el hombro exige que varios músculos y articulaciones colaboren para conseguir un movimiento saludable. Entre las articulaciones que permiten estos movimientos están la esternoclavicular, la acromioclavicular, la coracoclavicular y la glenohumeral, pero destacaremos una en especial para mostrar su importancia en la estabilidad y en las amplitudes saludables del hombro: la escapulotorácica.

Un buen desarrollo biomecánico de los miembros superiores depende mucho de los movimientos adecuados de las escápulas en la pared torácica. La escápula es capaz de moverse en tres dimensiones, y los músculos fijados en esta estructura realizan dos funciones importantes. La primera se refiere a la estabilización de la región del hombro a través de la estabilidad de la escápula, y la segunda, a la agilización de los movimientos de los miembros superiores por el movimiento de la escápula, lo que acarrea un mejor posicionamiento de la cavidad glenoidea para la adecuada consistencia con la cabeza del húmero.

Del mismo modo que para sujetar una pelota pesada y de tamaño grande en una de las manos es más fácil que la mano esté debajo de la pelota; también es más fácil para la cavidad glenoidea sujetar la cabeza del húmero cuando está bien posicionada. Por ejemplo, si el brazo está erguido sujetando un objeto y la cabeza del húmero está siendo proyectada hacia abajo, es importante que la cavidad glenoidea se posicione debajo del húmero para mantenerlo (Figura 4.6).

Figura 4.6 Representación del movimiento integrado entre las articulaciones escapulotorácica y glenohumeral

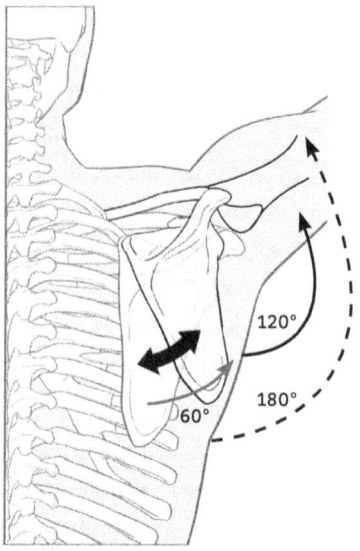

En este sentido, los responsables de este posicionamiento serán los músculos que mueven la escápula y, por lo tanto, posicionan la cavidad glenoidea. Este movimiento integrado entre la escápula y el húmero se denomina *ritmo escapulohumeral*, que se explicará en detalle más adelante.

El mejor posicionamiento de las escápulas para la salud de las articulaciones del *shoulder core* ha sido estudiado con intensidad. Además de la dinámica necesaria para que esta articulación haga que los movimientos sean seguros, otro detalle importante que debemos tomar en consideración es el *plano de las escápulas* cuando realizamos ejercicios para miembros superiores con los clientes.

El plano de las escápulas se describe como la posición normal de descanso de las escápulas, es decir, cómo se encuentran en la caja torácica posterior. Generalmente, este estado de descanso escapular tiene una rotación interna de 30° a 45°, como se ve en la Figura 4.7, que aparece a continuación.

Figura 4.7 **Plano de las escápulas**

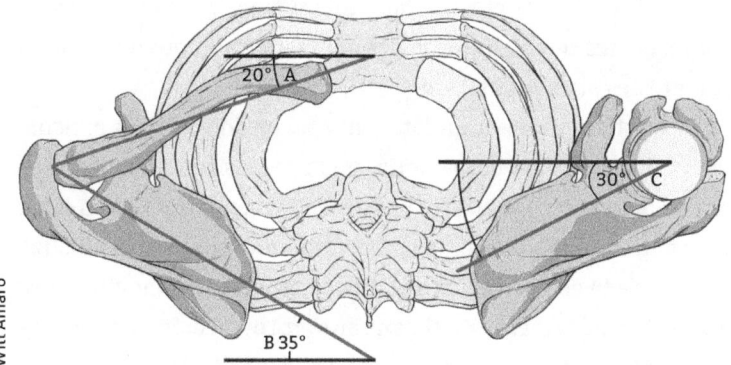

Existen algunas razones por las cuales es interesante utilizar este plano escapular específico para realizar ejercicios que abarquen la elevación del brazo. Cuando es respetado, los músculos que mantienen las escápulas están en una relación de longitud y tensión óptima, proporcionando más facilidad en la estabilidad o movimiento escapular durante la elevación del húmero. Browne et al. (1990) observaron que las mayores amplitudes de elevación glenohumeral se alcanzaron cuando fueron realizadas entre el plano de la escápula y hasta 25° de aducción horizontal anterior, además de una rotación externa del húmero de aproximadamente 35°. Lo que revela que, para tener más libertad en la articulación glenohumeral en ejercicios, como en la elevación lateral o en desarrollos, una buena estrategia para proporcionar más seguridad es abducir horizontalmente el hombro (entre 35° a 45°) y realizar una suave rotación externa durante la ejecución de los movimientos.

4.3.1 Ritmo escapulohumeral

El ritmo escapulohumeral se define como la secuencia de movimientos coordinados de las articulaciones glenohumeral y escapulotorácica, que garantizan la seguridad y la eficiencia en los movimientos del hombro. Estas dos articulaciones realizan movimientos en las tres dimensiones del espacio, siendo la escapulotorácica la que efectúa movimientos muy característicos e importantes que deben comprenderse para el buen funcionamiento de esta articulación.

La articulación escapulotorácica es considerada una articulación funcional, pues no presenta los elementos anatómicos de una articulación típica (como rodilla y codo), sin embargo, actúa como una articulación plana, permitiendo movimientos de deslizamiento de la escápula sobre el reborde costal. Sus movimientos abarcan básicamente el alejamiento (protracción) y el acercamiento (retracción) de las escápulas, pero siempre en más de un plano de movimiento, es decir, hay movimientos asociados de rotaciones interna y externa, rotaciones superior e inferior e, incluso, inclinaciones anterior y posterior (Figura 4.8).

Figura 4.8 Movimientos de la articulación escapulotorácica

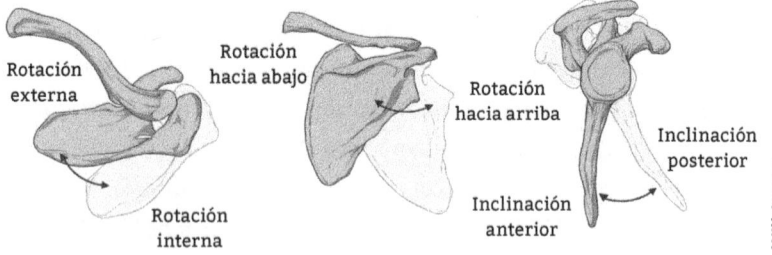

Algunos estudios evidenciaron que la falta de coordinación entre las articulaciones escapulotorácica y glenohumeral se asocia a varios problemas, como el síndrome de impacto de hombro, la tendinopatía y/o ruptura del manguito rotador, la inestabilidad glenohumeral y la capsulitis adhesiva (Ludewig; Reynolds, 2009; Uga; Nakazawa; Sakamoto, 2016). Cuando hay alteración de los movimientos normales de la escápula, tanto en la posición como en su dinámica en el movimiento integrado a la articulación glenohumeral, se da el nombre de *disquinesia escapular*. La disquinesia puede constatarse en solamente una de las escápulas de una persona (Figura 4.9), pero también en las dos.

Figura 4.9 Disquinesia escapular en la posición estática

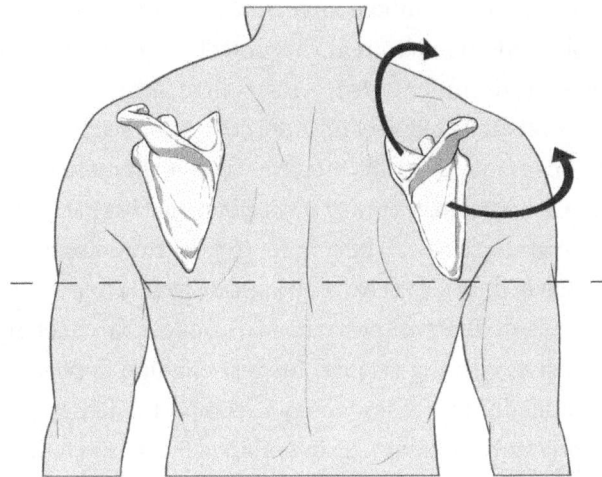

La disquinesia escapular genera una base inestable en el manguito rotador y está presente en la mayor parte de las lesiones en el hombro. Aunque aún no estén claros los motivos de la constante asociación entre las lesiones en el hombro y esta anomalía, ya se sabe que las estrategias de tratamiento pueden ser efectivamente implementadas si es evaluada y tratada la disquinesia escapular (Kibler et al., 2013).

Naturalmente, el cuerpo busca los ajustes necesarios para el ritmo escapulohumeral, pero algunos factores, como desequilibrios musculares, mala postura, lesiones anteriores y disfunciones propioceptivas, no permiten que los movimientos de las escápulas sean consistentes en relación con la articulación glenohumeral, generando mayores riesgos de desarrollo de patologías en el hombro (Burkhart; Morgan; Kibler, 2003).

Pese a que varios motivos están asociados a la disquinesia, las causas más comunes se deben a la alteración del control neuromuscular y de la coordinación de los músculos estabilizadores de la escápula, así como a la poca fuerza muscular y/o falta de flexibilidad en el complejo articular del hombro (Ludewig; Reynolds, 2009). Además de esto, muchos profesionales de la salud aún creen que la estabilización escapular debe hacerse en todos los movimientos de miembros superiores, como supino o remos, imposibilitando el movimiento natural de las escápulas y el consecuente fortalecimiento de los músculos que las mueven.

Así, evaluar la biomecánica del complejo escapular en descanso o en los movimientos integrados con el húmero es de fundamental importancia para el profesional de la salud, que debe adoptar estrategias de fortalecimiento y de tratamiento.

La mayoría de las veces, el proceso de evaluación de la discinesia es más cualitativo que cuantitativo, pues abarca solamente la evaluación visual y clínica. Los test evalúan la posición de las escápulas durante el descanso y su comportamiento, asociado al movimiento del húmero. En la evaluación, algunas maniobras correctivas de la escápula pueden auxiliar en el diagnóstico y también en la implicación de la discinesia en las lesiones del complejo articular del hombro.

Uno de los test más utilizados actualmente es el STD (*Scapular Dyskinesis Test* – Test de Discinesia Escapular, en traducción libre). Esta evaluación consiste en realizar 5 movimientos bilaterales y lentos (3s) de abducción del hombro, seguidos de 5 movimientos bilaterales y lentos (3s) de flexión de hombro con una mancuerna de 1,4 kg (3 lb) para pacientes evaluados que pesan menos de 68,1 kg, y con una mancuerna de 2,3 kg (5 lb) para los que pesan más de 68,1 kg (McClure et al., 2009).

Veamos, a continuación, las definiciones utilizadas para que se considere la discinesia o un ritmo escapulohumeral normal:

- **Ritmo escapulohumeral normal**: cuando la escápula está estable y con un mínimo movimiento durante la fase de abducción del hombro (30° a 60°). Tras esos grados, suave y continuamente, gira hacia abajo en la bajada del húmero. No se detecta un alejamiento de los bordes medial e inferior en relación con la caja torácica.

- **Discinesia escapular**: una o ambas, entre las siguientes anormalidades de movimiento, deben estar presentes:
  - **Disritmia**: la escápula demuestra una elevación o protracción prematura o excesiva. El movimiento escapular no es continuo ni suave durante la abducción o aducción del hombro, o hay una rápida rotación descendente durante la aducción del húmero.
  - **Desviación**: el borde medial y/o el ángulo inferior de la escápula están posteriormente alejados de la caja torácica.

Tras los movimientos, el evaluador clasifica separadamente los movimientos escapulares en la flexión y en la abducción, según lo dispuesto en el Cuadro 4.2, que aparece a continuación.

Cuadro 4.2 Clasificación de los movimientos escapulares en los movimientos de flexión y abducción horizontal del hombro

Movimiento normal	Anormalidad sutil	Anormalidad evidente
Sin evidencia de anormalidad.	Evidencia sutil o cuestionable de anormalidad que no está consistentemente presente en los movimientos.	Marcada anormalidad, claramente aparente, evidente en al menos 3 de los 5 intentos (disritmia escapular o desviación de la escápula de más de 2,54 cm del tórax).

La clasificación final está basada en la combinación de los movimientos de flexión y abducción, generando una especificación única del ritmo escapular individual, como se ve en el Cuadro 4.3, a continuación.

Cuadro 4.3 Clasificación general de los movimientos escapulares

Movimiento normal	Anormalidad sutil	Anormalidad evidente
Ambos movimientos de los test se clasificaron como normales o un movimiento fue normal y el otro con una anormalidad sutil.	Tanto la flexión como la abducción fueron clasificadas por presentar anormalidades sutiles.	Tanto la flexión como la abducción fueron clasificadas por presentar anormalidad evidente.

Pese a que la disquinesia no sea considerada una enfermedad, sino una alteración de los movimientos de las escápulas, se asocia frecuentemente a dolores en el complejo del hombro (Pluim, 2013; Burn et al., 2016, Hickey et al., 2018). También cabe recordar que la fatiga muscular afecta directamente al ritmo escapulohumeral, lo que deriva en la falta de estabilidad y/o movimientos compensatorios de la escápula (McQuade; Dawson; Smidt, 1998), es decir, dependiendo del volumen de entrenamiento para miembros superiores, el control escapular puede verse afectado y la seguridad de las articulaciones comprometida, correspondiéndole al profesional de la salud evaluar estas cuestiones, así como observar si el cliente es capaz de realizar el ritmo escapulohumeral con la cantidad de ejercicios propuestos.

Además de eso, existen evidencias de que alteraciones en las activaciones musculares del serrato posterior y del trapecio (fibras superiores) se asocian al problema de la discinesia y a algunas patologías (Ludewig; Reynolds, 2009). En estos casos, el serrato anterior está debilitado o presenta menor activación muscular en personas afectadas por el síndrome de impacto de hombro, mientras que en el trapecio superior la activación es mayor. Como el serrato anterior es un estabilizador potente, además de ser capaz de realizar la rotación superior de la escápula durante la elevación del húmero, esta acción reduce la probabilidad de compresión subcromial y consecuentes patologías en esta región. El trapecio superior evita, en parte, que este movimiento se produzca y, en la práctica del día a día, advertimos que muchos clientes se quejan de tensión en este músculo. Estos datos demuestran la responsabilidad de los profesionales de la salud en la evaluación y entrenamiento de los movimientos asociados a estos grupos musculares y al ritmo escapulohumeral.

Dado que estos movimientos entre la escápula y el húmero no son fácilmente observables de manera visual por el propio cliente que los realiza, pasa a ser más difícil la comprensión y la propiocepción de la dinámica escapular en los ejercicios para miembros superiores. Sin embargo, a continuación, enumeramos algunas orientaciones para facilitar la comprensión, tanto del profesional como del alumno, en ejercicios que están presentes en la mayoría de los planes de ejercicios de resistencia.

- **En el supino o flexión de brazo**: es común escuchar a profesores en salas de musculación solicitando al alumno que cierre las escápulas en el banco durante la ejecución del supino. Este movimiento de retracción escapular es realizado por músculos, como el romboides y el trapecio (fibras mediales), e impiden que las escápulas hagan el movimiento de protracción y rotación superior, posicionando la cavidad glenoidea por debajo del húmero. Uno de los músculos primarios que hace estos movimientos es el serrato anterior, y ya nos referimos a la relación de este músculo con la salud del hombro. Por lo tanto, aunque la petición de retracción escapular en el ejercicio promueva más exigencia del pectoral mayor para controlar la articulación, puesto que la escápula no facilitará el movimiento, realizar el ejercicio de supino o de flexión de brazos permitiendo el recorrido natural de la escápula al final del movimiento (donde los codos están estirados) es importante para la salud de la articulación.

- **En la barra fija (dominada) o jalón en polea alta**: quizá este sea el movimiento más difícil para ser orientado por los profesionales y entendido por los clientes. Cuando los codos están estirados, es importante que las escápulas se eleven por la propia fuerza que empuja los húmeros hacia arriba. Luego, como enseñanza para el aprendizaje del ritmo escapular, solicitamos al cliente que realice una depresión de los hombros aún con el codo estirado. Este movimiento puede ser realizado varias veces, a fin de que el cliente comprenda el movimiento que debe realizar; pero cuando sea capaz de ejecutar simultáneamente el movimiento de rotación inferior (depresión) de la escápula y de aducción del húmero, deberá hacerlos de forma concomitante, dado que es más funcional para la articulación y para las tareas del día a día. Observe en la práctica que las personas que no son orientadas suelen hacer este tipo de ejercicios elevando los hombros, como si llegaran a las orejas, tras realizar la fase concéntrica. Sin embargo, en este instante del movimiento, los húmeros están bajos (hombros aducidos) y, por lo tanto, es más interesante que sus escápulas también estén bajas, exigiendo que músculos, como el pectoral menor y el serrato anterior, estén activados.

- **En las tracciones horizontales o remos en la máquina**: como en los ejercicios anteriores, la movilidad de las escápulas deberá estar presente. Cuando los codos estén estirados, las escápulas deberán ser empujadas en protracción por la propia fuerza de la máquina, cable, elástico, cinta de suspensión, etc. Luego, solicite al cliente que, aún con los codos estirados, realice el movimiento de retracción escapular o, en un lenguaje más sencillo, que acerque las escápulas de la columna sin elevar los hombros. Es importante tener cuidado, puesto que, al abrir las escápulas, algunos clientes aumentan la cifosis torácica, perdiendo la curvatura natural de esta área de la columna. Se debe enfatizar, entonces, que solo es necesario mover las escápulas y no flexionar la columna para realizar el movimiento. Los ejercicios de protracción y de retracción escapular pueden ser realizados varias veces, hasta que el cliente entienda la dinámica escapular y logre hacer los movimientos conjugados de retracción de las escápulas y abducción horizontal del hombro.

- **En la elevación lateral o desarrollo con barra o mancuerna**: para realizar estos ejercicios, permitiendo más facilidad en los movimientos escapulares, es interesante realizarlos respetando el plano de las escápulas, es decir, elevar los húmeros resguardando el ángulo de 30° a 45° de aducción horizontal. Esta particularidad permite una mejor relación entre largura y tensión de los músculos que mueven las escápulas y mayor amplitud de movimientos de abducción del hombro, garantizando mayor seguridad a la actividad. Si el ejercicio es la elevación lateral, en el cual los brazos empiezan el movimiento al lado del cuerpo, en los ángulos entre 30° y 60°, sus escápulas deberán iniciar mínimamente la acción, realizando continuamente la rotación superior, para garantizarle mayor seguridad al movimiento.

4.4 Patologías comunes en el hombro

El dolor en el hombro es la segunda causa más común de dolores musculoesqueléticos, perdiendo solamente ante el dolor lumbar (Picavet; Schouten, 2003). Puede afectar sustancialmente a la capacidad del individuo para realizar actividades funcionales y también actividades deportivas (Roe et al., 2013).

A continuación, enumeramos algunas de las patologías más comunes que abarcan la articulación del hombro y determinadas sugerencias prácticas de prevención y tratamiento.

4.4.1 Síndrome de impacto de hombro

El síndrome de impacto de hombro es una patología inflamatoria y degenerativa que se caracteriza por los choques mecánicos, por las compresiones y por el roce constante de algunas estructuras que se localizan en el espacio entre el húmero, el acromion y la apófisis coracoides. La mayoría de las veces, el tendón afectado es el del músculo supraespinoso, pero también otras estructuras pueden ser alcanzadas como el tendón del infraespinoso, el tendón de la cabeza larga del bíceps braquial y la bursa subacromial.

Aunque los primeros síntomas de esta patología pueden surgir tras un trauma, los dolores generalmente se desarrollan de manera gradual durante un periodo de semanas o meses. El dolor es típicamente localizado en la parte anterior y lateral del hombro (próximo al acromion) y, frecuentemente, se irradia hacia el húmero en la parte lateral. También es común que los clientes se quejen de dolor por la noche, cuando se tumban sobre el hombro o con el brazo sobre la cabeza, así como en actividades diarias como peinarse o alcanzar algún objeto en un armario alto, todo ello asociado a un déficit gradual de fuerza muscular (Koester; George; Kuhn, 2005).

Esta patología está entre las causas de la tendinitis crónica del hombro y es muy común en practicantes de actividad física con movimientos de elevación del húmero o en trabajadores de actividades laborales que exijan esfuerzos repetitivos (Costa; Vieira, 2010). Desde hace mucho, los científicos han buscado entender los factores de riesgo que predisponen a una reducción del espacio subacromial y un consiguiente aumento del riesgo del síndrome de impacto de hombro. Una de las hipótesis más aceptadas es la que la elevación del húmero promueva esta reducción del espacio y el aumento del riesgo de desarrollar patologías (Lawrence et al., 2017). Aunque la etiología de la enfermedad del manguito rotador sea probablemente multifactorial (Seid et al., 2011), la compresión mecánica de los tendones de este conjunto durante los movimientos del hombro es un mecanismo que está siendo teorizado.

Para aclarar qué grados de elevación del húmero promueven mayores riesgos para la articulación, los investigadores asociaron, a través de modelos anatómicos tridimensionales, la cantidad de espacio subacromial en 0°, 30°, 60° y 90° de elevación del húmero. Los resultados mostraron que la menor distancia entre el arco coracoacromial y el tendón del supraespinoso ocurrió entre 0° y 60°, sugiriendo que no solamente las actividades con los brazos con más de 90° de abducción de hombro, como ya fue teorizado por mucho tiempo, son perjudiciales para la articulación del hombro (Lawrence et al., 2017). Cuando se evaluó a sujetos con y sin dolor en el hombro, se observó que los individuos asintomáticos demostraron menor rotación superior de la escápula, justamente entre 30° y 60° de elevación del húmero (Lawrence et al., 2014).

Ya destacamos que esta falta de coordinación entre la articulación escapulotorácica y escapulohumeral recibe el nombre de *discinesia escapular* y que puede aumentar el riesgo de dolores en el hombro hasta en un 43%, incluso en personas asintomáticas (Hickey et al., 2018). Por lo tanto, la orientación del profesional de la salud a sus clientes sobre el ritmo escapular es fundamental para la salud de esta articulación. Ejercicios específicos, movilizaciones en la articulación y terapias manuales ya fueron descritos en la literatura como beneficiosos para la mejora de dolores y rehabilitación de la discinesia escapular de los sujetos con el síndrome de impacto de hombro (Kromer et al., 2009; Michener; Walsworth; Burnet, 2004; Bang; Deyle, 2000).

Sin embargo, esta patología también puede estar asociada a una predisposición anatómica. Algunos estudios sugieren que, dependiendo del formado del acromion (tipo I o plano, tipo II o curvo, tipo III o gancho – Figura 4.10) aumenta la asociación con el síndrome de impacto de hombro o de las lesiones en el manguito rotador (Bigliani; Levine, 1997; Toivonen; Tuite; Orwin, 1995; Flatow et al., 1994). Una investigación demostró que entre un 70% y un 80% de las lesiones en el manguito rotador estaban asociadas a los acromiones del tipo III, entre un 20% y un 30% con acromiones del tipo II, y entre el 0% y el 3% con acromiones del tipo I (Flatow et al., 1994). Pese a que otros estudios no hayan encontrado esta misma relación con datos estadísticamente significativos, también se observó que las alteraciones morfológicas en la estructura del acromion predisponen al desarrollo de patologías (Balke et al., 2013; Michener; McClure; Karduna, 2003).

Figura 4.10 Tipos de acromiones

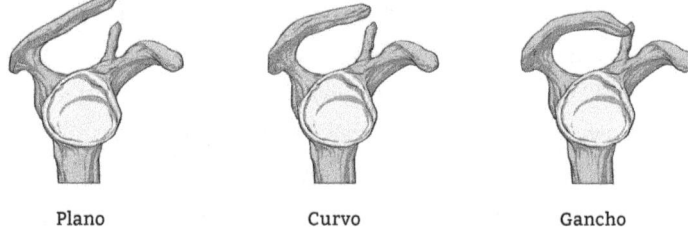

Plano   Curvo   Gancho

El conocimiento sobre los tipos de acromiones es importante para comprender un detalle del *shoulder core*, pero debemos recordar que solo es posible alterar esta estructura ósea con una cirugía de raspado (acromioplastia). De cualquier modo, es posible utilizar técnicas y posiciones en ejercicios con el objetivo de reducir la posibilidad de choque en estas estructuras, incluso desconociendo el tipo de acromion del cliente. Estas técnicas de orientación y cuidados prácticos deben ser aplicadas incluso en personas que no presentan morfología desfavorable.

Tratamiento

El ritmo escapulohumeral normal o el movimiento coordinado de la escápula y del húmero en los movimientos del hombro son la clave para la función eficiente y segura de esta articulación

(Kibler; Sciascia, 2010). Por lo tanto, es fundamental realizar una evaluación y un diagnóstico de los factores que estén contribuyendo a la discinesia escapular, con el fin de buscar la restauración de los movimientos. Cuando la evaluación y el diagnóstico están dados, el tratamiento se inicia a partir del fortalecimiento de la musculatura que estabiliza la escápula y proporciona un aumento de movilidad en todas las articulaciones que pertenecen al complejo del hombro. Este inicio debe enfatizar los músculos depresores de la cabeza humeral, como el redondo mayor, el infraespinoso y el subescapular, en ejercicios de rotaciones externa e interna. Asociado a ellos, también es necesario fortalecer otros músculos responsables de la estabilización escapular para que el cliente aprenda a mantener la estructura en la posición correcta, como el serrato anterior, el trapecio medio y el inferior. La posición escapular neutra, en la cual se respeta el correcto posicionamiento en la caja torácica, así como el plano de las escápulas, reduce el riesgo de choque y mantiene buena relación entre la longitud y la tensión de los músculos.

La progresión se mueve hacia ejercicios que abarquen el sincronismo de los movimientos y, luego, de las fuerzas musculares en las articulaciones escapulotorácica y escapulohumeral. De este modo, en todos los ejercicios dinámicos de miembros superiores, deberemos respetar los movimientos de protracción, retracción, elevación y depresión escapular, según el ejercicio realizado.

Es importante destacar que un mismo ejercicio de recuperación de los movimientos integrados entre escápula y húmero puede ser utilizado en la rehabilitación, en el tratamiento y en la prevención de patologías, así como en el fortalecimiento muscular, orientándose hacia la hipertrofia o el aumento de fuerza. Por ejemplo, si hacemos el ejercicio de remo horizontal con un cliente con dolores en el hombro, solicitamos que haga el ejercicio preocupándose por la retracción y la protracción escapular durante el movimiento del húmero. Del mismo modo, si un cliente busca hipertrofia de los músculos de la espalda, solicitamos que desarrolle el ritmo escapular adecuado.

Algunos autores sugieren que los ejercicios de rehabilitación deben iniciarse con bajas cargas y mayor número de repeticiones, considerando que los músculos estabilizadores del complejo articular del hombro suelen no aumentar su activación con el aumento de las cargas (Reinold; Escamilla; Wilk, 2009). Otro trabajo importante es el propioceptivo en las inestabilidades del complejo articular del hombro, antes de iniciar ejercicios con sobrecargas, con el objetivo de contribuir a un mejor control escapular, a una mejor activación de los músculos del manguito rotador y a una reducción del riesgo de lesiones.

4.4.2 Bursitis

El cuerpo humano tiene muchas articulaciones sinoviales que están revestidas por cartílagos y contienen líquido sinovial para aliviar el roce. En regiones cuyos tejidos son sometidos a fricción, generalmente próximas a las inserciones tendinosas y a las articulaciones, existen pequeñas glándulas o bolsas denominadas *bursa* que hacen más fácil el deslizamiento de las estructuras.

Las bursitis son inflamaciones agudas o crónicas de estas bolsas, constituidas por fibras colágenas y revestidas por membrana sinovial. En el caso del hombro, la inflamación es en la bursa subacromial, responsable de proteger tendones, ligamentos y músculos de la superficie del acromion.

El origen de la bursitis aún no es completamente conocido. Se estima que la inflamación surge como consecuencia de algún trauma o de movimientos repetitivos. Por lo tanto, para evitar que el cliente desarrolle la patología, observe los movimientos que realiza en el día a día, principalmente en el trabajo, donde permanece más horas al día y puede repetir gestos, aumentando la probabilidad de desarrollar una inflamación en la bursa posteriormente.

■ Tratamiento

Comprender que la bursitis es la consecuencia de un problema anterior es la clave para tener éxito en la recuperación. Aunque exista la necesidad del tratamiento tradicional, con medicamentos recomendados por un médico, la atención a los factores que pueden estar asociados a la compresión de la bursa es fundamental. Orientar la postura del cliente, en especial sobre los movimientos de mayor riesgo que realiza en su rutina diaria, forma parte tanto de la recuperación como de la reducción del riesgo de reincidencia.

Como, generalmente, la bursitis es causada por una disminución en el espacio subacromial, situación común en el síndrome de impacto de hombro, todo conocimiento y tratamiento debe asociarse a esta otra condición.

4.4.3 Capsulitis adhesiva o síndrome del hombro congelado

La capsulitis adhesiva (CA) es una rigidez acompañada por la restricción dolorosa del movimiento de la articulación glenohumeral en que el cliente presenta movilidad restringida en todos los planos de movimiento, tanto activa como pasiva. La CA no es la única causa de rigidez en el hombro, puesto que el síntoma también puede estar presente en otros procesos patológicos que lesionan las estructuras que componen este mecanismo articular. Estas alteraciones limitan la movilidad del hombro, por el dolor que provocan, y dan origen a contracturas musculares y retracciones miotendinosas secundarias, sin que haya necesariamente retracción fibrosa de la cápsula articular, que continúa con su volumen y sus recesos normales (Ferreira Filho, 2005).

Esta condición de rigidez presenta causas muy diversificadas, pudiendo instalarse de forma espontánea o desconocida debido a una enfermedad sistémica, como la diabetes mellitus y el hipotiroidismo, o de forma consecuente a un trauma o cirugía en la articulación del hombro (Zuckerman; Rokito, 2011; Tasto; Elias, 2007).

La capsulitis adhesiva está entre los síndromes dolorosos del hombro más controvertidos, tanto desde el punto de vista del diagnóstico, como terapéutico. Eso se debe a los aspectos aún oscuros de las causas de la patología y a su asociación con enfermedades aparentemente sin relación directa con el hombro. El cliente afectado por la CA presenta movilidad restringida del hombro diferente en cada fase de la patología (Ferreira Filho, 2005).

Primera fase

La primera fase, o *fase aguda*, tiene inicio con un dolor suave, que, en algunas semanas, se vuelve agudo e intenso, pudiendo estar acompañado de fenómenos vasculares, como sudoresis palmar y axilar. El dolor aumenta durante la noche, alterando el sueño, y en esta fase la movilidad del hombro es muy dolorosa, y los movimientos de abducción y rotación interna y externa rápidamente pierden su amplitud. Esta fase tiene una duración media de tres a seis meses.

Segunda fase

La segunda fase se denomina *endurecimiento o congelamiento* y conlleva el inicio de la adherencia de la cápsula articular a la cabeza del hombro. El dolor disminuye de intensidad y deja de ser continuo, pero persiste por la noche y en el intento de mover el hombro, que se presenta rígido, con bloqueo completo de la abducción y de las rotaciones interna y externa. Esta fase tiene una duración media de 12 meses.

▪ Tercera fase

La tercera fase se caracteriza por la liberación progresiva de los movimientos y lleva por término medio de 8 a 24 meses. De modo natural, se inicia la restauración de la elasticidad capsular y ligamentosa, pero la completa recuperación de la movilidad de la articulación del hombro es de difícil previsión. Esto ocurre porque la acentuada fibrosis capsular puede no ser completamente reversible en la CA de larga duración.

▪ Tratamiento

Los clientes que empiezan el tratamiento en la primera fase (dolorosa) de la patología deben priorizar el alivio del dolor, lo que se puede conseguir, por ejemplo, con el uso de analgésicos, acupuntura y técnicas de terapia manual. Aunque la cura gradual y espontánea pueda tener lugar principalmente en las formas sin causas definidas de la CA, lo que lleva a algunos a minimizar su importancia, el fuerte dolor continuo y de difícil control en la fase dolorosa puede incapacitar al cliente para actividades de la vida diaria. Por ello, hay un consenso de que el combate contra el dolor y la movilización precoz del hombro deben constituirse como el tratamiento inicial de todas las personas afectadas por la capsulitis adhesiva (Godinho et al., 1995).

Tras pasar la fase de dolor, debemos auxiliar al cliente para recuperar la movilidad de la articulación. Esto se hace con movimientos de estiramiento y movilidad articular, que deben evitar la pérdida de movilidad al final de la última fase. Ejercicios de fortalecimiento también se deben hacer cuando la mejora de la movilidad y de los dolores permitan realizarlos.

4.5 Patologías comunes en el codo y en el puño

4.5.1 Epicondilitis lateral en el codo

Según Lech, Piluski y Severo (2003, traducción propia), "la epicondilitis lateral, también conocida como codo de tenista, es la causa más común de dolor en el codo". Actualmente, está claro que la epicondilitis lateral es una afección degenerativa (tendinosis) que compromete los tendones extensores del codo, originados en el epicóndilo lateral; es decir, pese a que una inflamación puede afectar a la región (tendinitis), son dos causas distintas de patologías (Cohen; Mota Filho, 2012).

La tendinosis es un proceso que degenera el colágeno de un tendón como respuesta al exceso de uso crónico. Cuando este exceso de uso se mantiene sin que el tendón tenga tiempo para reposar y cicatrizar, se produce la tendinosis. Desde movimientos de pequeña amplitud, como pulsar el mouse de la computadora, hasta movimientos amplios, como practicar deportes como el tenis, la tendinosis podrá producirse, si estos movimientos se ejecutan repetidamente.

La epicondilitis lateral se desarrolla, inicialmente, por microlesiones en el origen de la musculatura extensora del codo, y el tendón más afectado es el extensor radial corto del carpo (Cohen; Mota Filho, 2012). El dolor descrito comúnmente es intenso y agudo, lo que dificulta los movimientos de extensión de la articulación del puño y de los dedos, empeorando a medida que hay resistencia del puño con el codo en extensión.

Existen dos test sencillos que pueden realizarse con el objetivo de identificar el dolor relatado por el cliente. El primero se hace con el codo en 90° de flexión y con la pronación del antebrazo. Así, le solicitamos al cliente que realice la extensión del puño contra la resistencia, que será impuesta por usted. Otra posibilidad es pedir que, con la mano cerrada, haga la dorsiflexión del puño y la extensión del codo. Forzaremos, entonces, el puño en flexión, y se orientará al alumno para resistir al movimiento, realizando la extensión del puño. Los dos test serán positivos para epicondilitis lateral cuando el cliente informe sobre dolor en la región del epicóndilo, donde se encuentra el origen de la musculatura extensora del puño y los dedos (Cohen; Mota Filho, 2012).

▪ Tratamiento

El control del dolor será el objetivo principal del tratamiento inicial, a través de reposo relativo, es decir, no con la privación de la actividad, sino con el control del exceso. La utilización de inmovilización con yeso no es efectiva, dado que, normalmente, el dolor reaparece cuando se retoman las actividades (Cohen; Mota Filho, 2012).

Después de tener controlado el dolor, el cliente empezará a realizar ejercicios de estiramiento y ganará amplitud articular de puño y codo, seguidos de ejercicios isométricos e isocinéticos. Cuando ya no existe más dolor, se inicia el proceso de refuerzo muscular de todos los músculos extensores y flexores del puño y del codo. La liberación para cualquier actividad, deportiva o laboral, se produce cuando el cliente es capaz de realizar ejercicios de repetición, hasta cansarse, sin sentir los mismos dolores descritos anteriormente.

4.5.2 Tenosinovitis

Mientras que la tendinitis es la inflamación del tendón, que frecuentemente se desarrolla tras degeneración (tendinopatia), la tenosinovitis es una tendinitis con inflamación del revestimiento de la vaina del tendón, lo que promueve la contracción tendinosa durante el deslizamiento.

Esta patología puede estar asociada a diversas causas, como enfermedades reumáticas, disturbios metabólicos, tumores, enfermedades infecciosas y traumas. Cuando son resultado de microtraumatismos de repetición, se encuadran como lesiones por esfuerzos repetitivos (LER) o, si están relacionadas con esfuerzos realizados en el trabajo son diagnosticadas como enfermedades osteoarticulares relacionadas con el trabajo (DORT).

En Brasil, la tenosinovitis y sus consecuencias dolorosas en trabajadores es responsable de parte de la ausencia laboral, lo que preocupa a los profesionales de la salud y a las empresas. Algunas investigaciones realizadas a través de los datos de la seguridad social indicaron que, en 2008, los disturbios osteomusculares se correspondieron con el 22% de los casos de baja y concesión de auxilio-enfermedad. Entre estos casos, las tenosinovitis y las sinovitis representaron cerca del 11% del total (Vieira; Albuquerque-Oliveira; Barbosa-Branco, 2011).

En general, esta patología se produce en el puño, como el síndrome de Quervain y el síndrome del túnel carpiano. Las quejas más frecuentes son dolores en la región, hinchazón y dificultad en los movimientos debido a la inflamación. El síndrome de Quervain se caracteriza por la irritación de los tendones del extensor corto y abductor largo del pulgar. Frecuentemente, esta patología es resultado de movimientos repetitivos con el puño en situación no neutra, es decir, cuando están con un desvío radial, ulnar o en flexión. De las alteraciones que afectan al puño, es una de las más frecuentes y son muy comunes en deportes como el tenis de mesa y la esgrima (Uribe et al., 2010).

Tratamiento

El objetivo del tratamiento no es deshacer el daño anatómico ya instalado, sino retrasar su progresión y dejarlo asintomático. Los síntomas se alivian con el reposo o inmovilización del tendón, aplicación de calor (para inflamación crónica) o de frío (para inflamación aguda) y altas dosis de antiinflamatorios no esteroideos. Si el dolor es grave o si el problema es crónico, generalmente se indica la infiltración con corticoides.

Tras ser controlada la inflamación, los ejercicios que aumentan gradualmente la amplitud de los movimientos deben realizarse varias veces al día, como estiramientos de todos los músculos que mueven el puño y los dedos. Poco a poco pueden agregarse ejercicios de fortalecimiento, a medida que los dolores sean reducidos y las inflamaciones controladas.

Síntesis

Si el dolor en el hombro es una de las causas más comunes de dolores musculoesqueléticos, comprender los detalles biomecánicos de esta articulación es fundamental para la prescripción de ejercicios en el ámbito de la salud y del rendimiento deportivo.

La articulación escapulotorácica tiene gran influencia en la calidad y en la seguridad de los movimientos realizados por el húmero, por lo tanto, es esencial que nosotros, profesionales de la salud, sepamos evaluar y orientar el ritmo escapulohumeral en los ejercicios para miembros superiores, así como restringir o aumentar las amplitudes de movimiento, según las características individuales de los clientes.

Actividades de autoevaluación

1. (Vunesp – 2015 – HCFMUSP, traducción propia) "Alteraciones en el hombro, derivadas del pinzamiento o compresión de la bursa subacromial de los tendones del manguito rotador y del tendón de la cabeza larga del bíceps contra el acromion, articulación acromioclavicular, ligamento coracoacromial y apófisis coracoides, causando dolor, inflamación y limitación funcional". Este cuadro patológico se refiere a:

a) inestabilidad glenohumeral.
b) capsulitis adhesiva.
c) hombro congelado.
d) síndrome del choque.
e) bursitis crónica.

2. Sobre el ejercicio de barra fija, analice las siguientes afirmaciones:

   I. Por tratarse de un ejercicio de fácil comprensión biomecánica, tanto del cliente, como del profesor, los movimientos escapulares se realizan con naturalidad.

   II. Un buen ejercicio educativo para el seguro y correcto aprendizaje del movimiento de barra fija es realizar la depresión de los hombros al inicio del movimiento, con los codos aún estirados. Pero, cuando el cliente sea capaz de efectuar el movimiento asociado entre la escápula y el húmero, deberá realizarlo, dado que es más funcional para la articulación.

   III. Gran parte de las personas que no son orientadas en este ejercicio realizan el movimiento acercando los hombros a las orejas, lo que no favorece la depresión escapular y el fortalecimiento de los músculos que realizan este movimiento.

   Ahora, señale la alternativa correcta:

   a) Las afirmaciones I y II son verdaderas, y la afirmación III es falsa.
   b) La afirmación II y III son verdaderas, y la afirmación I es falsa.
   c) Las afirmaciones I y III son verdaderas, y la afirmación II es falsa.
   d) Todas las afirmaciones son falsas.
   e) Todas las afirmaciones son verdaderas.

3. (FGV – 2014 – Funarte, traducción propia) El deterioro del espacio subacromial o suprahumeral debido a una función muscular inadecuada, relaciones posturales y fallos en la mecánica articular, lesión de tejidos blandos en esta región o anomalías estructurales del acromion conducen al Síndrome del Choque. En este espacio se encuentran las siguientes estructuras anatómicas:
   a) músculo infraespinoso y bursa subdeltoidea.
   b) músculo deltoides y bursa subacromial.
   c) músculo supraespinoso y bursa subdeltoidea.
   d) músculo supraespinoso y porción larga del músculo bíceps braquial.
   e) músculo infraespinoso y bursa subacromial.

4. Analice las siguientes informaciones sobre los ejercicios que abarcan abducción del hombro, como en los desarrollos y en la elevación lateral:
   I. Realizar estos movimientos en el plano de las escápulas permite una mejor relación entre longitud y tensión de los músculos localizados en esta región, lo que proporciona mayor facilidad en la estabilidad o en el movimiento escapular.
   II. La correcta orientación profesional es para que el cliente mantenga las escápulas en rotación inferior, incluso cuando hay máxima abducción del hombro, pues de este modo se evita el choque subacromial.
   III. Entre los ángulos de 30° a 60° de abducción del hombro, la escápula deberá empezar su movimiento de rotación superior para garantizar seguridad al movimiento. Incluso, en el test de discinesia escapular, este movimiento escapular deberá ser identificado según estos ángulos para que se pueda considerar el movimiento como usual.

Es correcto lo que se afirma en:

a) I, solamente.
b) III, solamente.
c) I y II, solamente.
d) I y III, solamente.
e) I, II y III.

5. Analice el párrafo siguiente y señale la alternativa que complete adecuadamente los huecos y describa correctamente las características de la palabra suprimida:

"La discinesia escapular genera una base inestable en el _____, y está presente en la mayor parte de las lesiones en el hombro. Pese a no estar claros los motivos de la asociación constante entre las lesiones en el hombro y la discinesia, ya sabemos que las estrategias de tratamiento pueden ser más efectivamente implementadas si es evaluada y tratada la discinesia escapular" (Kibler et al., 2013, traducción propia).

a) acromion: extremidad lateral de la cresta de la escápula que se articula con la clavícula y fija una parte de los músculos deltoides y trapecio.
b) acromion: extremidad lateral de la cresta de la escápula que se articula con la clavícula y fija una parte de los músculos supraespinoso y trapecio.
c) manguito rotador: conjunto de músculos que incluye el subescapular, infraespinoso, supraespinoso y redondo menor. Entre sus funciones está la de realizar las rotaciones externa e interna, además de tener gran responsabilidad en la estabilización de la articulación glenohumeral.
d) manguito rotador: conjunto de músculos que incluye el subescapular, infraespinoso, supraespinoso y redondo mayor. Entre sus funciones está la de realizar las rotaciones

externa e interna, además de tener gran responsabilidad en la estabilización de la articulación glenohumeral.

e) epicóndilo medial del húmero: es una eminencia ósea localizada en la extremidad distal del húmero, próxima a la articulación de este hueso con el cúbito.

6. Sobre la biomecánica de los miembros superiores, analice las afirmaciones que aparecen a continuación e indique V para las verdaderas y F para las falsas:

( ) La articulación escapulotorácica es una articulación funcional, porque no presenta las características anatómicas comunes a las demás articulaciones, como la unión por tejidos cartilaginosos o sinoviales.

( ) El codo tiene solamente dos articulaciones contenidas en la misma cápsula articular, que está reforzada por el ligamento colateral cubital.

( ) En la articulación del hombro se encuentra la bursa o la bolsa subacromial, que tiene la función de proteger los tendones y los huesos.

( ) La articulación glenohumeral es una de las más móviles del cuerpo humano, porque la cavidad glenoidea tiene solamente un cuarto del tamaño de la cabeza del húmero, permitiendo grandes amplitudes de movimiento.

Ahora, señale la alternativa que presenta la secuencia correcta:

a) V, F, F, V.
b) V, V, V, F.
c) F, V, F, V.
d) F, F, V, V.
e) V, F, V, V.

■ *Actividades de aprendizaje*

Cuestiones para reflexionar

1. En las salas de musculación o en otro tipo de actividad en la que fue alumno/cliente, ¿cuántos profesionales lo orientaron para realizar el ritmo escapulohumeral durante los movimientos? Reflexione sobre la calidad del servicio que estamos ofreciendo y también sobre nuestra responsabilidad en la salud de los miembros superiores de los clientes.

2. Uno de los principios del ejercicio físico es el de la variabilidad. De este modo, además de variar el volumen o la intensidad en los movimientos, podemos alterar el ejercicio para ofrecer nuevos estímulos musculares o articulares. Sin embargo, con el propósito de variar los ejercicios, muchas veces por razones motivacionales, nos deparamos con movimientos que promueven grandes riesgos, comparados con los beneficios de este principio. ¿Cuáles de estas variaciones pueden ser utilizadas con los clientes y cuáles presentan bajo riesgo para la articulación del hombro?

Actividad aplicada: práctica

1. Por diversos motivos, los movimientos escapulares son más complejos que la mayoría de los demás movimientos articulares. Para facilitar esta comprensión, realice una autoevaluación de los movimientos de su escápula, incluso con el auxilio de la anatomía palpatoria. Identifique prominencias óseas como el acromion y la cresta de la escápula y, aún, palpando estas estructuras, realice movimientos en todas las direcciones con el húmero para identificar cómo se mueve su escápula en estos movimientos. Aproveche para advertir la contracción de algunos músculos, como el trapecio superior y el serrato anterior, por medio de la palpación.

Capítulo 5

Los cuatro pasos para el análisis biomecánico visual en los ejercicios

Tras mucho tiempo de práctica, visualizando ejercicios con una mirada biomecánica, constaté que utilizaba una metodología práctica para facilitar mi comprensión sobre las fuerzas que eran aplicadas en los cuerpos de mis clientes. Esta consciencia me permitía alterar detalles en los ejercicios, como hacerlos más fáciles o difíciles sin alterar la carga impuesta, solicitar un grupo muscular más que otro o reducir las sobrecargas en una articulación comparada con otra. Esto también me proporcionó mayor credibilidad entre los alumnos, además de seguridad al prescribir ejercicios específicos para cada uno de ellos. Siempre utilicé este paso a paso de manera inconsciente.

Sin embargo, para expandir este conocimiento y facilitar la comprensión sobre la biomecánica aplicada, detallaremos cada etapa del proceso en este capítulo. Al comprender las próximas páginas, será capaz de realizar análisis biomecánicos eficientes y visualizar los ejercicios bajo una nueva perspectiva, más práctica y eficiente.

5.1 Paso 1 – visión 2D (plano de movimiento)

Para realizar un análisis biomecánico visual e interpretar las fuerzas internas y externas aplicadas al cuerpo humano, es necesario visualizar el movimiento en el plano correcto. Como en cualquier paso a paso que cuenta con un orden que se debe seguir, saltar esta primera etapa comprometerá toda la comprensión posterior del ejercicio que se debe analizar.

Este primer paso recibe el nombre de *visión 2D*, pues, en un análisis biomecánico visual (realizado por el profesional durante la ejecución del ejercicio por el cliente), es necesario visualizar el cuerpo en el espacio desde una perspectiva bidimensional, es decir, excluyendo la profundidad del movimiento. Básicamente, la mejor manera de imaginar esta situación es en una fotografía, en la cual podemos cuantificar la altura y anchura de una persona en la posición en que se encuentra, pero no conseguimos medir la profundidad. En este primer momento, haga fotos de los movimientos y/o dibujos en el papel, lo que facilitará su comprensión sobre la visión 2D y el plano de movimiento.

Existen tres planos de movimiento que dividen la masa del cuerpo humano por la mitad. Un plano es una superficie plana imaginaria y bidimensional y puede dividirse en frontal, sagital y transversal (Figura 5.1). Una manera sencilla de saber si el ejercicio está siendo visualizado en el plano correcto es la capacidad de identificar ángulo(s) en la(s) articulación(es) presentes en el movimiento. Por ejemplo, si un cliente ejecuta una rosca directa con una barra, al mirar frente a él (plano frontal) no será posible cuantificar el ángulo del codo, es decir, la visualización del movimiento estará en el plano equivocado. Pero, si miramos en el plano sagital habrá la posibilidad de sugerir o medir el ángulo de flexión de la articulación del codo con el auxilio de un goniómetro o aplicación de *smartphone*. A continuación, describimos los tres planos de movimiento y sus características.

Figura 5.1 Planos de movimiento

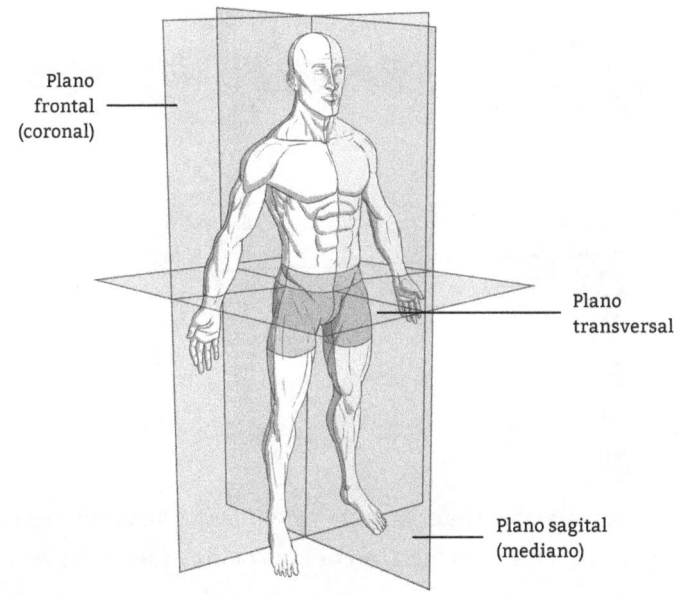

■ Plano frontal o coronal

Este plano divide el cuerpo verticalmente en mitades, anterior y posterior, en las cuales se producen los movimientos laterales del cuerpo y de los segmentos corporales. Los principales movimientos en el plano frontal son las aducciones y las abducciones de los miembros superiores e inferiores, pero otros movimientos, como la flexión lateral del tronco, la elevación y la depresión de la cadera escapular, la eversión y la inversión del pie y la desviación radial y ulnar del puño, también integran este plano.

Un ejemplo de ejercicio en el plano frontal es la elevación lateral en la cual los brazos se mueven lateralmente y es posible determinar el ángulo del hombro, como en la Figura 5.2, que aparece a continuación.

Figura 5.2 Plano de movimiento frontal en el ejercicio de elevación lateral

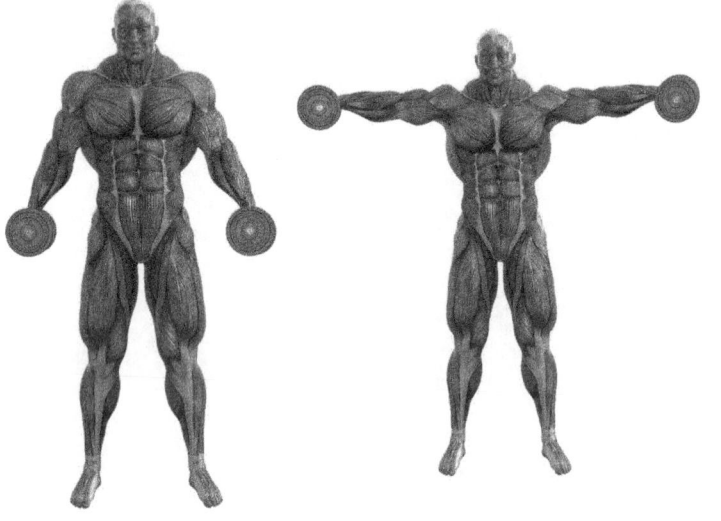

Sport08/Shutterstock

En los miembros inferiores, los movimientos más comunes en este plano son los de abducción y de aducción de cadera. Observe, en la Figura 5.3, que, por mucho que el individuo esté de espaldas y tumbado, el plano sigue siendo el frontal. Eso ocurre porque el plano es siempre relativo al cuerpo, no al espacio. En este caso, sigue siendo dividido entre las mitades anterior y posterior.

Figura 5.3 Plano de movimiento frontal en el ejercicio de abducción de cadera en decúbito lateral

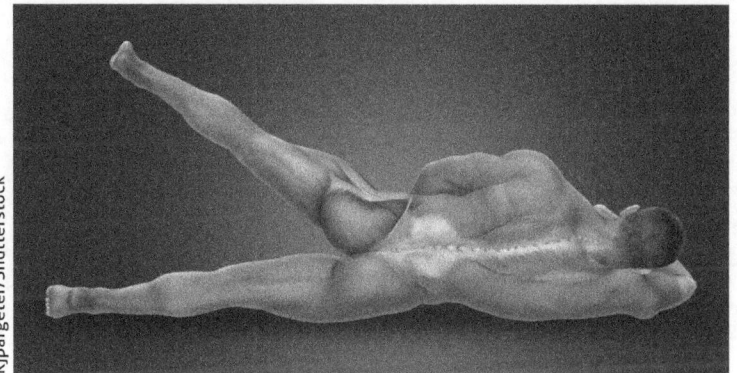

- **Plano sagital o anteroposterior**

Este plano divide el cuerpo verticalmente en las mitades derecha e izquierda, y los movimientos se producen hacia delante y hacia atrás del cuerpo y de los segmentos corporales, siendo los más comunes los de flexión y de extensión. Sin embargo, si los brazos o las piernas se giran medial o lateralmente a partir de la posición fundamental, la flexión y la extensión pueden ocurrir en un plano diferente del sagital.

Un ejemplo de ejercicio en el plano sagital es el movimiento de flexión de la columna y/o de cadera durante la ejecución de abdominales (Figura 5.4). Observe que es posible identificar fácilmente el ángulo de la articulación de la cadera, pero los ángulos de la columna no se reconocen. Esto ocurre porque los discos intervertebrales permiten pequeños grados de movimiento entre las vértebras, es decir, la suma de estos grados posibilitará una gran amplitud en la flexión de la columna. Pese a esta particularidad, el movimiento sigue siendo en el plano sagital, y las medidas de los ángulos de la columna se contrastan a partir de esta posición.

Figura 5.4 **Plano de movimiento sagital en el ejercicio de *crunch* abdominal**

En miembros inferiores, un ejemplo de ejercicio es el de extensión de rodillas en la máquina extensora, como muestra la Figura 5.5, que aparece a continuación.

Figura 5.5 **Plano de movimiento sagital en el ejercicio de extensión de la rodilla en la máquina extensora**

■ Plano transversal u horizontal

En este plano, se separa el cuerpo en mitades superior e inferior. En él, se producen los movimientos horizontales del cuerpo y de los segmentos cuando el cuerpo está en posición erecta. Movimientos comunes en este plano son los rotacionales alrededor de un eje longitudinal e incluyen la rotación hacia la izquierda y la derecha de la cabeza, del cuello y del tronco, así como la rotación medial y lateral de un brazo o de una pierna. Aunque la aducción y la abducción sean movimientos en el plano frontal, cuando flexionamos el codo o la cadera a partir de la posición fundamental, los movimientos de estos segmentos pasan a ser en el plano transversal y se denominan *abducción* y *aducción horizontal*.

Un ejemplo de este movimiento es el de rotación lateral o medial del hombro (Figura 5.6). Podemos observar que es necesario analizar el ejercicio visualizándolo por encima de la cabeza o, incluso, en una visión desde abajo hacia arriba (inferosuperior). Estas son las únicas maneras de visualizar el ángulo en esta rotación.

Figura 5.6 Plano de movimiento en el ejercicio de rotación lateral o medial del hombro

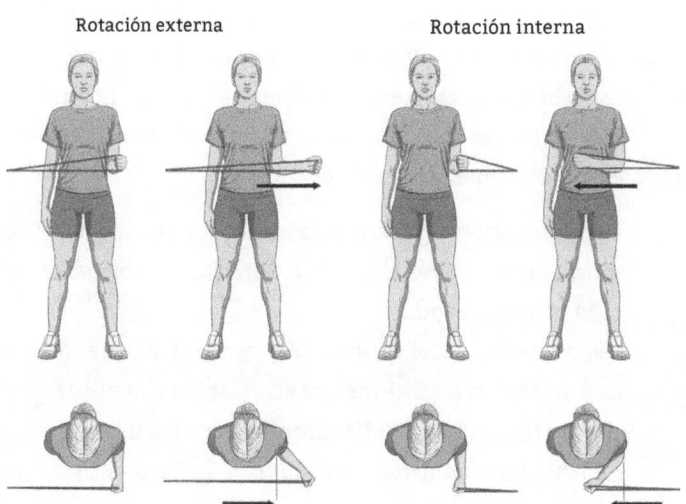

Aunque muchos movimientos de la vida diaria no se orienten en los planos citados, como, por ejemplo, el movimiento de circunducción, los tres planos principales de referencia aún son útiles. Cuando una perspectiva no coincide exactamente con uno de los tres planos, se denomina *plano oblicuo*. Siempre que haya un movimiento en este campo, podemos hacer una descomposición sobre la proporción en cada uno de los planos anatómicos con los cuales se cruza (Leal; Martínez; Sieso, 2012).

Advierta que, durante las explicaciones sobre los planos, muchas veces mencionamos el ángulo de una articulación para facilitar la visualización en el plano correcto. Eso ocurre porque también puede ser descrito a través de la articulación y, por consiguiente, de los ángulos formados por ella. De este modo, como en la descripción de la posición anatómica o fundamental, esta es una sencilla referencia para describir los diferentes movimientos, que tiene que ser considerada y visualizada correctamente para que podamos seguir los próximos pasos del análisis biomecánico.

5.2 Paso 1 – visión 2D (ejes articulares)

Un eje describe una línea que atraviesa el centro del movimiento, o potencial movimiento, y siempre será perpendicular al plano. En el cuerpo humano, existe una infinidad de ejes de movimiento, pero existen tres ejes anatómicos de referencia que corresponden a las tres dimensiones del espacio:

- **Eje anteroposterior o sagital**: aquel que atraviesa el centro de rotación con dirección anterior-posterior en relación con el cuerpo.
- **Eje transversal**: el eje que atraviesa el centro de rotación con dirección lateral-medial en relación con el cuerpo.
- **Eje vertical o longitudinal**: aquel que atraviesa el centro de rotación con dirección superior-inferior en relación con el cuerpo.

Más importante que saber los nombres de los ejes es saber identificarlos en el movimiento que debe ser analizado biomecánicamente. Si la primera etapa de la visión 2D es visualizar el ejercicio en el plano correcto – y el eje será siempre perpendicular a este plano –, cuando estemos visualizando el ejercicio, el eje articular será representado solamente por un punto. Sigamos el ejemplo que aparece a continuación.

Durante una rosca directa tradicional, el plano de movimiento es el sagital, y el eje anatómico tiene dirección transversal. Como la condición elemental para iniciar el análisis biomecánico es la visualización en el plano correcto, el eje será representado solamente por un punto en la articulación del codo (Figura 5.7). Eso es así porque, para visualizar la línea imaginaria correspondiente a este eje, tendríamos que salir de un plano e ir a otro, lo que impide que analicemos correctamente la participación de esta articulación y también de las fuerzas aplicadas en el movimiento (Figura 5.8).

Figura 5.7 Eje articular del codo en el ejercicio de rosca directa en los planos sagital y frontal

Figura 5.8 La observación de la línea imaginaria que forma el eje impide la visualización del movimiento de manera correcta para el análisis en 4 pasos

Nicholas Piccillo/Shutterstock

De este modo, siempre que identifiquemos el plano de movimiento, simplemente tendremos que posicionar una esfera en el centro de la articulación o de las articulaciones que deben ser evaluadas. Obviamente, en este mismo ejercicio de rosca directa, podríamos completar la figura con los ejes que son el foco del movimiento y, en este caso, podríamos colocarlo también en el hombro, si tuviéramos la intención de analizarlo.

Un ejemplo de eje articular en miembros inferiores y en el plano frontal es el eje de la cadera en el ejercicio de zancada lateral con goma o *mini band* (Figura 5.9). En el plano sagital, podemos identificar también un eje en la cadera en el ejercicio de sentadilla tradicional, pero, ahora, este eje tiene dirección transversal (Figura 5.9).

Figura 5.9 Eje articular de la cadera en los movimientos de zancada lateral (plano frontal) y de sentadilla (plano sagital)

En los ejercicios de tronco, hay una particularidad. Recordemos que las palancas se forman por la unión de dos estructuras, provocando un potencial movimiento de rotación, y en este punto de interrupción se localiza el eje. Considerándolo, nuestra columna cuenta con muchas estructuras (vértebras) que mantienen contacto con los discos y, así, tenemos un eje articular en cada disco intervertebral (Figura 5.10).

Figura 5.10 Ejes de la columna vertebral durante un ejercicio en el plano sagital

La orientación de mantener la visualización del ejercicio solamente en el plano de movimiento es importante para comprender y visualizar el análisis biomecánico correctamente. Sin embargo, durante nuestra supervisión en los ejercicios con los clientes, es más seguro e interesante visualizar el movimiento por todos los planos y perspectivas, es decir, el análisis biomecánico vectorial debe hacerse necesariamente en el(los) plano(s) correcto(s), pero, para asegurar buenas orientaciones y seguridad en la ejecución de los ejercicios, es importante que nosotros, los profesionales de la salud, tengamos una visión completa sobre el movimiento, de todos los lados.

5.3 Paso 2 – vector de fuerza de la resistencia

En la Física, la fuerza se entiende como todo lo que produce alteración en una estructura y, por lo tanto, es capaz de alterar el estado de inmovilidad o de movimiento uniforme de un cuerpo material.

La fórmula conocida sobre el componente fuerza es:

$F = m \times a$, en que: m = masa del objeto y a = aceleración.

Con esta fórmula, podemos obtener la medida de una fuerza a través de los datos de masa y aceleración del objeto o de la persona en la cual está actuando.

No podemos ver las fuerzas a simple vista, por eso las representamos siempre con los *vectores de fuerza*. Son la representación gráfica de una fuerza a través del dibujo de una flecha. A diferencia de una medida de temperatura ambiente, por ejemplo, en la que solamente el número es capaz de indicar si hace frío o calor, el vector de fuerza tiene que ser representado por el número, pero también por la dirección que se aplica la fuerza. Además de esto, el vector de fuerza representa el punto de aplicación de la fuerza en el objeto o en la persona y la magnitud (cuanto más grande sea la flecha, mayor será la fuerza aplicada) (Figura 5.11).

Figura 5.11 Representación gráfica del vector de fuerza incluyendo el punto de aplicación, la magnitud y la dirección

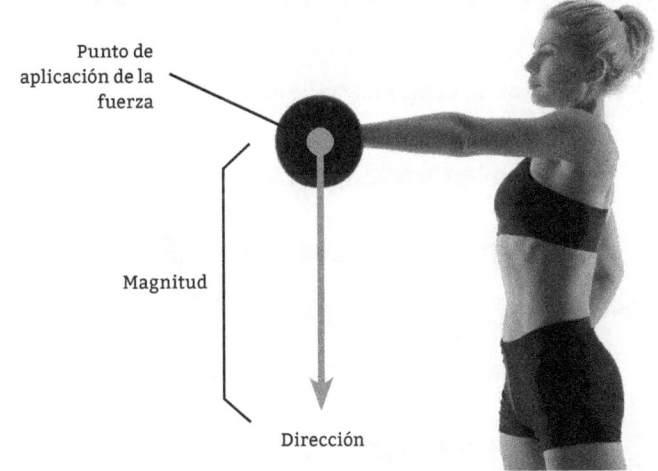

Es importante tener en mente que las fuerzas nunca actúan solas, sino que siempre lo hacen en pares, y, para que se anulen, tienen que actuar sobre un mismo cuerpo, con la misma magnitud y en la misma dirección, pero en sentido opuesto (Leal; Martínez; Sieso, 2012).

En los ejercicios, es común encontrar un sistema de fuerzas, es decir, un conjunto de fuerzas que actúan sobre el cuerpo humano. Cuando dos o más fuerzas se aplican en una misma masa y en el mismo punto de aplicación, podemos realizar la composición de estas fuerzas para encontrar el *vector resultante*. El vector resultante es la fuerza única que equivale y sustituye a todas las demás del sistema, considerando las características de magnitud, dirección y sentido de cada una de ellas.

En estos casos, la composición puede hacerse entre fuerzas de la misma dirección (Figura 5.12) o en fuerzas concurrentes, es decir, aquellas que forman ángulo entre sí. Para hacer la suma de los vectores de fuerza concurrentes y definir la resultante en estos casos, utilizamos el *método del paralelogramo*, en el cual un paralelogramo se construye a partir de la proyección paralela de los vectores hasta la extremidad del vector perpendicular (Figura 5.13).

Figura 5.12 Composición de las fuerzas de misma dirección

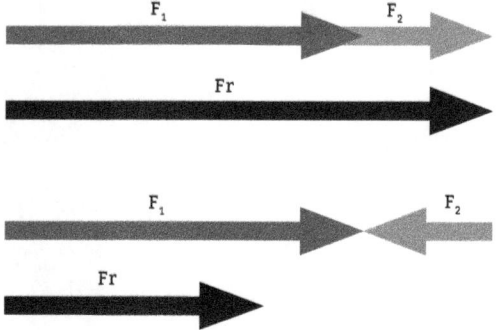

Figura 5.13 Composición de fuerzas concurrentes y determinación de la fuerza resultante a partir del método del paralelogramo

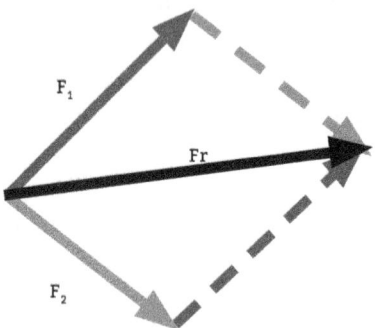

En el Capítulo 1, destacamos que las fuerzas pueden ser externas (provenientes de fuera del organismo) e internas (musculares, principalmente) y, ahora, vamos a observar sus características

en la actuación del cuerpo humano. Considerando que el cuerpo humano está compuesto por varios huesos y que el contacto entre ellos (incluso a través de los cartílagos) forman las articulaciones (ejes), las fuerzas aplicadas en este sistema de palancas producen o intentan producir movimiento alrededor de los ejes y, por ello, se denominan *torque*.

Torque es la fuerza que causa o intenta causar movimiento alrededor del eje de rotación.

En el siguiente ejemplo, observamos las acciones de la fuerza interna, que también se conoce como *torque* o *fuerza potente* (músculo bíceps braquial) y de la fuerza externa, conocida como *torque* o *fuerza resistente* (mancuerna), en el sistema de palancas (huesos) formado por el brazo y antebrazo (Figura 5.14).

Figura 5.14 Vector de fuerza del músculo bíceps (fuerza interna) y de la mancuerna (fuerza externa)

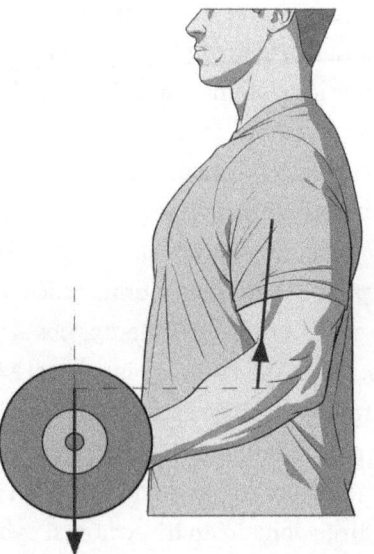

5.3.1 Fuerzas externas comunes en los ejercicios de resistencia

▪ Fuerza gravitacional

La atracción gravitacional de la Tierra les confiere peso a los objetos y hace que se caigan al suelo cuando están sueltos. La fuerza peso es proporcional a la masa y a la aceleración de los cuerpos (gravedad) y, por lo tanto, cuanto mayores sean estos dos elementos, mayor será su magnitud.

Peso = m × a (gravedad = ±9,8 m/s), en que: m = masa y a = aceleración

Entre las fuerzas externas más comunes en los ejercicios de resistencia está la fuerza gravitacional aplicada a los equipos dotados de masa, como mancuernas, barras, anillas, tobilleras e, incluso, en las máquinas como la flexora o el *crossover*. En estas últimas, las barras de hierro dispuestas en la guía de la máquina sufren la acción de la gravedad y estas fuerzas son direccionadas por los sistemas de cables y poleas. Por lo tanto, pese a que la fuerza gravitacional actúa siempre en dirección al centro de la Tierra (vertical), podrá ser redireccionada en el caso de que exista un sistema de poleas y roldanas. En los siguientes ejemplos, presentaremos algunos ejercicios en los cuales ya hicimos el primer paso del análisis biomecánico: la visualización está en el plano correcto del movimiento y los ejes articulares ya están definidos. Además de eso, agregamos el 2º paso, en el que los vectores de fuerza también están debidamente posicionados. Observe que, en el caso del ejercicio en la polea, pese a que la carga gravitacional actúa sobre las barras de hierro del equipo, el vector de fuerza está direccionado en dirección al cable (Figura 5.15). Otro detalle importante es que debemos hacer la composición de la fuerza peso de los miembros y del tronco con los accesorios utilizados. Por ejemplo, en la abducción de cadera en decúbito lateral con tobillera existe la fuerza de la tobillera, pero también existe la fuerza del propio miembro aplicada en dirección al suelo. Estos esfuerzos deben ser compuestos para que entendamos que existen varias fuerzas actuando sobre una misma pierna.

Figura 5.15 Representación biomecánica de ejercicios con carga gravitacional respetando el 1er. paso (planos y ejes) y el 2º paso (vector de fuerza resistente)

Una propiedad aplicada a todos los cuerpos dotados de masa es la *inercia*. Para ejemplificar la carga inercial, podemos imaginar que todos los cuerpos son perezosos y que no desean modificar su estado de movimiento, es decir, si están en movimiento, quieren seguir en movimiento o, si están parados, no desean moverse. Esta "pereza" consiste en la inercia, que es una grandeza aplicada al inicio de los movimientos (para retirar una barra del suelo en un ejercicio de LOP – levantamiento olímpico de pesas, por ejemplo) y también frenar o acelerar los equipos o accesorios.

■ **Fuerza elástica**

La elasticidad se define según la propiedad por la cual un material se recupera de una deformación producida por una fuerza. Los materiales elásticos son aquellos capaces de recuperar su forma original después de que las fuerzas que actuaron sobre ellos dejaran de provocar la deformación.

La resistencia al estiramiento que ofrece un material elástico no se debe a su masa y tampoco está sujeta a los efectos de la gravedad o de la inercia. La capacidad de que un material vuelva a su estructura original tras ser deformado depende de sus propiedades estructurales, de su anchura, de su longitud, de su diámetro y de su porcentaje de deformación (Leal; Martínez; Sieso, 2012). Así, la principal diferencia entre las cargas elásticas y gravitacionales consiste en que las cargas elásticas no están provistas de inercia y varían en función del módulo de elasticidad y del porcentaje de deformación impuesto durante la amplitud de un movimiento. Estudiar hasta dónde un elástico puede ser tensionado para que no entre en su *zona plástica* (aquella que no regresa a su estado original) proporciona mayor calidad a los ejercicios y durabilidad a estos equipos.

Como las fuerzas en el *crossover* están en la dirección del cable, las fuerzas producidas por los elásticos también obedecen a la dirección del propio elástico. De este modo, podemos interpretar estas fuerzas elásticas como en los siguientes ejemplos (Figura 5.16).

Figura 5.16 Representación biomecánica de ejercicios con carga elástica respetando el 1er. paso (planos y ejes) y el 2º paso (vector de fuerza resistente)

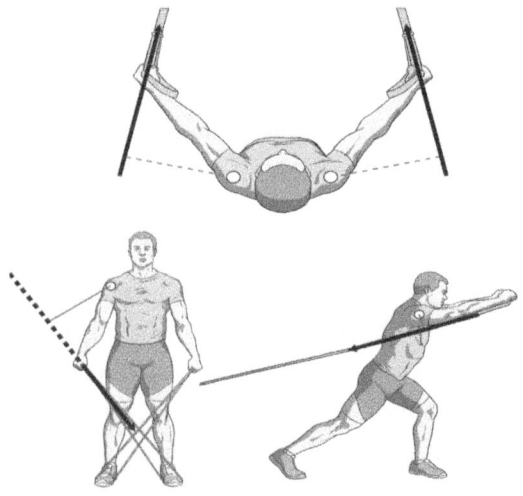

Fuerza de fricción

La fuerza de fricción corresponde a la fuerza que surge cuando dos cuerpos están en contacto y hay tendencia al movimiento. Esta fuerza tiene relación con la superficie de los cuerpos, pues cuanto más lisos estén los objetos, menor será la fuerza de fricción. Es paralela a las superficies que interactúan y actúa de modo contrario al movimiento equivalente entre ellas (como en la 3a. ley de Newton – acción y reacción).

Por ejemplo, cuando dos objetos en contacto no se mueven uno en dirección al otro, pero hay fuerzas de cizallamiento aplicadas, significa que existen fuerzas en la misma dirección y sentido opuesto al del cizallamiento que equilibran el sistema. Esta es la fuerza de fricción (Figura 5.17). Pese a estar siempre paralela a las superficies en interacción, la fricción entre ellas depende de la fuerza normal – la de reacción que la superficie hace en un cuerpo que está en contacto con ella (Figura 5.18).

Figura 5.17 Representación biomecánica de un ejercicio con fuerza de fricción respetando el 1er. paso (planos y ejes) y el 2º paso (vector de fuerza resistente)

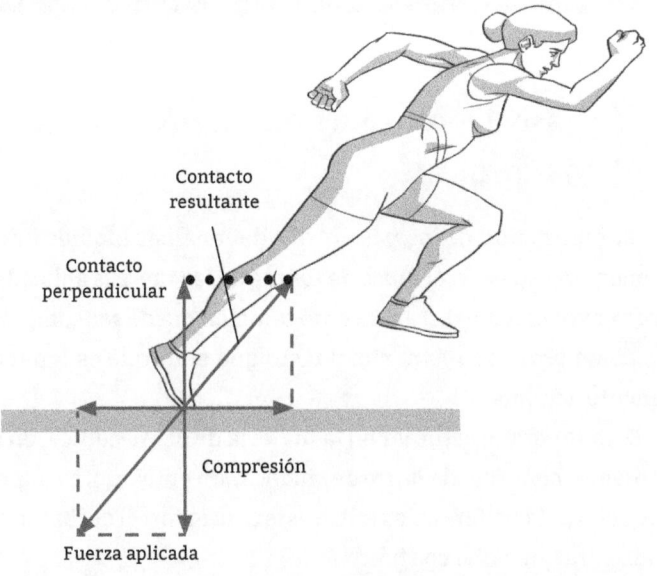

Para encontrar la resultante de las fuerzas de fricción y de la fuerza normal, aplicadas en el mismo punto de contacto (pie), utilizamos el método del paralelogramo y obtenemos la fuerza punteada en negro. De este modo, presumimos que, cuanto más empujamos el suelo en dirección horizontal, mayor será la fuerza de fricción y, por consiguiente, la proyección del pie o cuerpo en la dirección opuesta.

Es muy común que la fuerza de fricción esté presente principalmente en aquellos ejercicios hechos en contacto con el suelo y con amplia base de apoyo. Este es el caso de las estocadas o de la flexión de codos, como muestra la Figura 5.18.

Figura 5.18 Ejemplos de ejercicios en los que comúnmente la fuerza de fricción está presente

5.4 Paso 3 – brazo de momento o brazo de torque

Tras la realización de los pasos 1 y 2 del análisis biomecánico, veremos, en el paso 3, el *brazo de torque* de las fuerzas aplicadas en cada articulación. Este concepto también puede ser comprendido como *brazo de momento,* puesto que el torque es igual al momento articular.

Es muy común estudiar en la materia de Biomecánica, en la Facultad, el concepto de *brazo de palanca*, sin embargo, es importante aclarar las diferencias entre este concepto y el del brazo de torque para que no se confundan.

- *Brazo de torque (brazo de momento)* es la menor distancia entre la línea de la fuerza y el eje de rotación. Obligatoriamente, esta línea recta formará un ángulo de 90° con la línea de la fuerza.
- *Brazo de palanca* es la distancia entre el punto de aplicación de la fuerza hasta el eje de rotación.

Sin embargo, hay un instante en el ejercicio en el que estas dos distancias son exactamente iguales, es decir, cuando la fuerza aplicada en la palanca o en la barra forma un ángulo de 90° con ella. La mayoría de las veces, los profesionales de la salud realizan el análisis biomecánico en este instante del ejercicio y terminan descuidando todo lo demás, que, en verdad, comprende la mayor parte del movimiento.

Observe en el ejercicio presentado en la Figura 5.19 que, normalmente, el análisis ocurre en el brazo derecho de la persona, cuando la fuerza (flecha) está perpendicular al miembro superior y tanto el brazo de torque (línea negra continua) como el brazo de palanca (línea delgada discontinua) presentan la misma proporción, es decir, son equivalentes.

Figura 5.19 Representación gráfica del brazo de torque (línea negra continua) y del brazo de palanca (línea delgada discontinua)

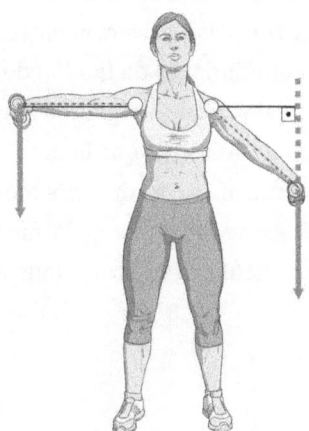

Ahora observe que, en el brazo izquierdo, el brazo de torque (línea negra continua) comienza a reducirse progresivamente cuando el hombro realiza la aducción. Igualmente, la fuerza muscular necesaria para controlar la carga en el movimiento se reduce proporcionalmente, a pesar de que el brazo de palanca (línea delgada discontinua) no altera su tamaño original.

Lo que revela la sustancial importancia de comprender el concepto de brazo de torque o brazo de momento (a veces incluso más que el de brazo de palanca), pues es el que ofrece indicaciones como:

- la variación de la fuerza que provoca rotación en todo el recorrido de la amplitud de movimiento;
- el conjunto de fibras musculares que serán afectadas a lo largo de toda la amplitud;
- las fuerzas articulares y musculares provocadas con la intención de promover seguridad osteoarticular y contraponer las fuerzas externas aplicadas.

A continuación, en la Figura 5.20, la demostración de un ejercicio de elevación frontal (flexión de hombro) y las diferencias del brazo de torque (línea negra continua) durante la amplitud de movimiento. Es posible admitir que, en el primer dibujo, debido al pequeño brazo de torque (o inexistente dependiendo de la posición de la mancuerna), las fibras anteriores del músculo deltoides están casi relajadas o con poca activación muscular. Tras esta fase inicial, el inicio del movimiento de flexión de hombro induce a un aumento del brazo de torque, exigiendo mayor activación del mismo grupo muscular. Advierta que la mancuerna en la mano de la alumna tiene la misma carga durante todo el ejercicio. Pese a ello, cuando la línea de la fuerza de la mancuerna (gravitacional) queda perpendicular a su brazo, todo el peso del equipo genera movimiento rotacional, caracterizando el instante en que el ejercicio resulta más difícil y en que la distancia de brazo de torque es la mayor.

Figura 5.20 Brazo de torque en cuatro instantes del ejercicio de elevación frontal

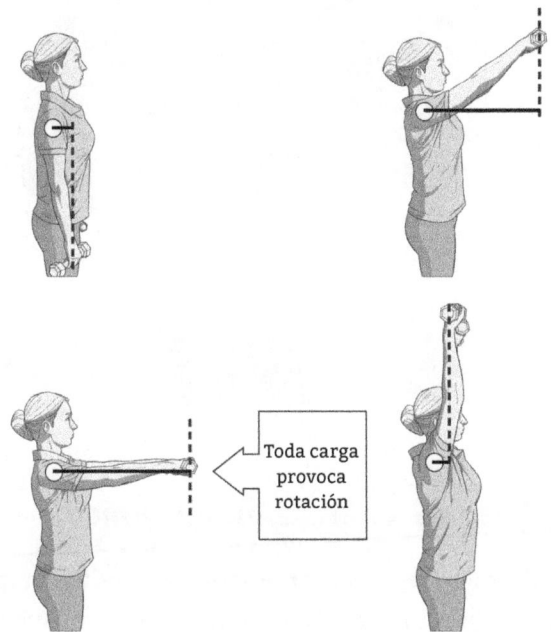

Toda carga provoca rotación

Will Amaro

La Figura 5.21 enseña un ejemplo de ejercicio utilizando la cinta de suspensión. El movimiento principal es el de flexión de codos en plano sagital, y el eje a analizarse está localizado en esta misma articulación (círculo). La carga es la gravitacional y depende del peso y de la inclinación del cuerpo de la alumna (flecha continua), pero, como la cinta mantiene su cuerpo, hay un vector en la dirección de la cinta que tira su mano en aquel sentido (flecha discontinua). La menor distancia entre este vector y el eje del codo forma el brazo de torque para este ejercicio.

Figura 5.21 Brazo de torque en el ejercicio de flexión de codos en la cinta de suspensión

Will Amaro

5.5 Paso 4 – análisis biomecánico

Tras concluir los tres pasos anteriores en el orden propuesto, podemos realizar un análisis biomecánico de cualquier ejercicio e interpretar las características de las fuerzas aplicadas en el sistema de palancas humano.

En este último paso, el profesional deberá observar en una visión 2D el(los) plano(s) y eje(s) del movimiento, el(los) vector(es) de fuerza resistente(s) y también el (los) brazo(s) de torque para cada articulación evaluada. Observe el vector de fuerza e imagine que, en el punto de su aplicación, algo empuja o tira aquella región en dirección al propio vector. En materiales libres, como mancuernas o tobilleras, es más fácil visualizarlo, pero esta orientación es mucho más útil en ejercicios hechos en el suelo, en los cuales necesitamos visualizar también la fuerza de reacción o de contacto (fuerza normal).

Teniendo en cuenta todas estas informaciones, si el vector de fuerza empuja o tira determinada parte del cuerpo en aquella dirección, ¿cuál(es) músculo(s) actúa(n) para hacer el movimiento contrario? ¿El vector de fuerza pasa próximo al eje? En caso afirmativo el cliente tendrá más facilidad en este movimiento y, en el caso de que se desee dificultar el ejercicio, aumente el brazo de torque para aumentar la fuerza externa en aquella articulación y, de esta forma, los músculos que la controlan responderán del mismo modo. Si necesitamos reducir la sobrecarga en una articulación específica porque el cliente siente dolor, basta con reducir el brazo de torque para que las sobrecargas también disminuyan. Si hay pocos kilos de mancuernas para realizar un ejercicio que es fácil, basta con aumentar el brazo de torque. ¿Se tiene la intención de mejorar el rendimiento en un movimiento de *deadlift* o tierra? Basta con reducir al máximo los brazos de torque, restringiendo la necesidad de una fuerza muscular con la misma carga. En suma, son infinitas las posibilidades al visualizar el ejercicio de esta manera, además de aumentar su credibilidad y eficiencia en las prescripciones de los clientes.

Es interesante destacar que la manera más común de solicitar una respuesta neuromuscular de un cliente por parte del profesional de la salud es aplicando un estímulo de fuerza externa sobre una persona. Pero, si les preguntamos a los profesionales del área: ¿Cómo **podemos actuar sobre el cuerpo humano?**, las respuestas serán demasiado diferentes y casi nunca estarán relacionadas con el hecho de que, básicamente, aplicamos estímulos de fuerza sobre el cuerpo humano.

La aplicación de fuerzas externas y la consecuente reacción del cuerpo a estos estímulos (con las fuerzas internas) es nuestra principal herramienta para provocar adaptaciones en el organismo. La analogía de que las fuerzas aplicadas en el cuerpo humano pueden ser consideradas como una bacteria, y que el organismo reacciona a esta bacteria con la intención de vencerla o dominarla con organizaciones articulares y contracciones musculares, puede ser utilizada para ejemplificar las acciones de las fuerzas externas y de las reacciones y adaptaciones del cuerpo humano. Cuando, por ejemplo, estamos viajando en avión y pasamos por una turbulencia, confiamos en que los ingenieros que proyectaron la aeronave entendieran de fuerzas para construir una estructura segura y que no quebrara cuando otras fuerzas (viento, gravedad) entrasen en contacto con el avión. Pero, ¿por qué nosotros, los profesionales de la salud, que también aplicamos fuerzas a una estructura (cuerpo humano) para hacerla fuerte y saludable, no nos preocupamos de la misma manera por estudiar las fuerzas y cómo interaccionan e influyen en las estructuras óseas y musculares? Pensando en ello, la importancia del análisis de las fuerzas excede lo que aprendimos en la facultad y se extiende a lo largo de toda la vida profesional.

Estudiar y visualizar las fuerzas mientras le orientamos a un cliente en un ejercicio es mucho más importante que contar las repeticiones o solamente dar incentivos. Incluso ejercicios usualmente adoptados, como, por ejemplo, un remo con banda elástica o una flexión de codos en el suelo, deben ser repensados para analizar las fuerzas y las intenciones de contracciones del cliente, en vez de de solamente creer que bíceps/espalda y tríceps/pecho están activándose en estos dos ejercicios, respectivamente. Esta asociación comúnmente utilizada, entre ejercicios y músculos involucrados, limita las posibilidades de variación de estas actividades, es decir, en vez de de pensar que solamente tríceps/pecho se contraerán durante la ejecución de una flexión de codos en el suelo, dependiendo de la intención de fuerza creada por el ejecutante, es posible aumentar la contracción del bíceps braquial por la acción de la fuerza de fricción creada en el suelo. Este cambio de enfoque solamente es viable si al cliente se le instruye para aumentar las acciones de aducción horizontal y de flexión de los codos durante la ejecución del movimiento, sin que sus manos salgan de la posición original. Esta intención de fuerza causará una reacción contraria a ella (fricción) alterando la dirección del vector resultante, lo que proporcionará diferentes contracciones musculares.

Pensando de este modo, entendemos que, independientemente de la actividad que se realice, las contracciones musculares responderán solamente a las fuerzas externas que están en contacto con el cuerpo y presentes en el movimiento, pudiendo ser la fuerza de una banda elástica, de una mancuerna e, incluso, del peso corporal. Un ejemplo es la diferencia de ejecución de un ejercicio para glúteos con los muelles de pilates y el mismo ejercicio con el cable en el *crossover* (Figura 5.22). Si mantenemos la misma postura, ejecución y técnica, la única diferencia entre los ejercicios será la carga – carga elástica del muelle en el pilates y carga gravitacional de las barras de peso en el *crossover*. De este modo, la respuesta del músculo glúteo máximo se basará en los torques causados por las fuerzas externas, independientemente de si es en el pilates o en la musculación, al fin y al cabo, el músculo solamente se contrae y relaja, sin saber qué actividad o ejercicio está realizando.

Figura 5.22 Extensión de cadera utilizando el muelle de pilates o el cable en el *crossover*

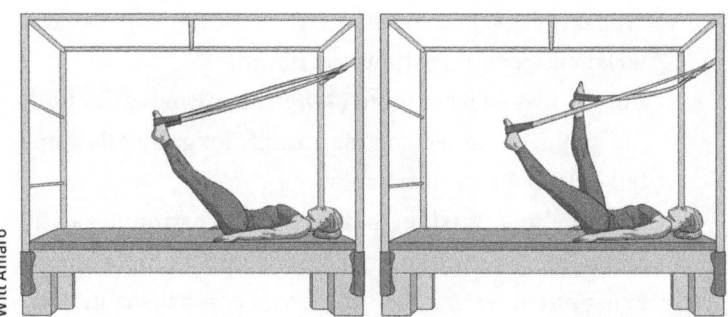

La reacción muscular se genera a partir de fuerzas externas aplicadas sobre los segmentos, y el organismo reacciona para garantizar la integridad del cuerpo y/o lograr el movimiento deseado. Ya sea por la carga del propio peso corporal, ya sea por la de una mancuerna, de un muelle o de una banda elástica e, incluso, de la resistencia del agua, las contracciones musculares se producirán según las exigencias y las características de estas fuerzas. De este modo, el conocimiento, por parte del profesional de la salud, de los principios de la física y de la biomecánica hace que vea mucho más allá de cualquier ejercicio, máquina/equipo o método de entrenamiento para prescribir con eficacia y seguridad los ejercicios más adecuados para el cliente.

Desde esta perspectiva, una de las formas de definir qué es el ejercicio físico es considerarlo un estímulo intencional o una fuerza, aplicado al cuerpo humano con el objetivo de generar una reacción neuromuscular y una adaptación resultante. En cualquier ejercicio existen fuerzas y, de este modo, si no existen fuerzas, no existirá ejercicio.

Algunas variables influencian estos estímulos y afectan a la reacción generada por el cuerpo, que será diferente en cada situación (Leal; Martinéz; Sieso, 2012). Entre ellas podemos citar:

- **Cantidad de fuerza**: según la intensidad de fuerza, la contracción muscular se adecuará a ella.
- **Tipo de carga**: existen varios tipos de cargas, y sus características generan estímulos diferentes.
- **Amplitud de movimiento (ADM)**: un mismo estímulo de fuerza puede transformarse durante los grados de amplitud del movimiento articular.
- **Tiempo bajo tensión**: la duración del estímulo es otro factor que genera diferentes reacciones y adaptaciones.
- **Frecuencia**: estímulos seguidos o con pausas más largas son interpretados de manera diferente por el sistema neuromuscular.

La aplicación de fuerza, considerando todas las características citadas, determinará el objetivo del ejercicio, es decir, para que un ejercicio se considere de fuerza pura (estímulo tensional), la cantidad de fuerza aplicada en el cuerpo humano deberá ser próxima al máximo y, entonces, el tiempo de ejecución del ejercicio será pequeño. Sin embargo, el mismo ejercicio podrá ser considerado un estímulo metabólico, disminuyendo el factor *cantidad de fuerza* y aumentando el factor *tiempo bajo tensión*.

Todo este raciocinio despierta la reflexión sobre cuántas posibilidades nosotros, los profesionales de la salud, tenemos de aplicación de ejercicios según las necesidades y características individuales de los clientes. Si cada cuerpo humano presenta características tan particulares, ¿cómo podemos generalizar si un ejercicio es bueno o malo si no sabemos a quién estará destinado? ¿Cómo podemos decir que un ejercicio es mejor que otro para un grupo muscular en el caso de que presenten las dos características de carga semejantes, incluso cuando el músculo no sea capaz de identificar si lo que tracciona es una tobillera o una *kettlebell*?

El Gráfico 5.1 relaciona, individualmente, cada ejercicio para cada cliente, considerando un momento específico de entrenamiento o periodización y el objetivo final con este movimiento. En el gráfico, consideramos que en todo ejercicio hay un esfuerzo físico, bien relacionado con la intensidad o con el volumen propuestos, bien cuando hay una dificultad técnica para realizarlo que abarque, básicamente, la coordinación necesaria para su ejecución. Para generar estímulos efectivos y adaptaciones en los sistemas esquelético, muscular, neurológico etc., necesitamos aumentar gradualmente estas variables, respetando los principios del entrenamiento y conquistando, de este modo, los beneficios para la salud. Sin embargo, proporcionalmente a este aumento de esfuerzo o de coordinación en el movimiento, el riesgo relacionado con las lesiones también se amplía, al fin y al cabo, los ejercicios de intensidad, volumen o aquellos que exigen alta coordinación motora son más difíciles de ser ejecutados.

Gráfico 5.1 Relación entre riesgo y beneficio del ejercicio físico

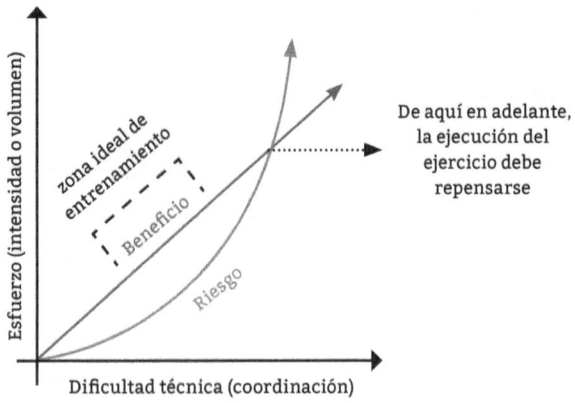

De este modo, la responsabilidad de elección del ejercicio más adecuado para cada individuo es del profesional que lo prescribe. Este gráfico se aplica a cada ejercicio y a cada cliente y, para garantizar la seguridad asociada a los resultados en el entrenamiento, es fundamental elegir y orientar ejercicios o métodos para que se quede en la zona ideal de entrenamiento, es decir, cuando el beneficio relacionado con el ejercicio es superior al riesgo inherente a él. Destacamos que es una cuestión muy personal y el profundo conocimiento que tenga el profesional sobre el alumno, de la anatomía humana, de la biomecánica y de la fisiología, así como sobre las características del ejercicio prescrito, hará que la orientación sea más segura y eficiente.

⦁⦁ Síntesis

Para realizar un análisis biomecánico en 2D, es necesario seguir los cuatro pasos delineados en este capítulo. Tanto para evaluar una máquina de musculación como un ejercicio con peso del cuerpo o con algún equipo, cumplir los pasos en el orden viabiliza al profesional de la salud mucho más entendimiento sobre el ejercicio y sus estímulos de fuerzas en el cuerpo humano.

El análisis biomecánico en cuatro pasos también posibilita prescribir y orientar ejercicios con mayor eficiencia y direccionados a las necesidades individuales de cada cliente. A través de este análisis, es posible alterar detalles en los movimientos, que marcarán la diferencia para alcanzar los objetivos específicos individuales.

Basándose en eso, es posible afirmar que no hay ejercicio correcto o equivocado, sino ejercicios que proporcionan una cantidad mayor o menor de riesgos y beneficios, según las fuerzas externas aplicadas en el cuerpo humano.

Actividades de autoevaluación

1. (Fidesa – 2012 – Sesi/PA, traducción propia) Sobre biomecánica, es correcto afirmar que:
   a) La biomecánica es una ciencia biológica que analiza biológicamente todo el sistema del cuerpo humano.
   b) La biomecánica del movimiento busca explicar cómo las formas de movimiento de los cuerpos de seres vivos se producen en la naturaleza, a partir de indicadores estáticos.
   c) La biomecánica es la ciencia que describe, analiza y modela los sistemas biológicos.
   d) La biomecánica puede dividirse en interna y externa, dada la amplitud de aplicación, y la externa se preocupa por las fuerzas musculares, fuerzas en los tendones, ligamentos, huesos y cartílagos articulares.

2. (FCM – 2016 – IF Farropilha/RS, traducción propia) El torque se define como:
   a) Fuerza que causa rotación.
   b) Fuerza aplicada en newtons.
   c) Brazo de momento de la fuerza.
   d) Efectividad de una fuerza para causar rotación, pero que no necesariamente genera movimiento.
   e) Tendencia de una fuerza a causar rotación sobre un eje inespecífico.

3. Si dos fuerzas se aplican en un mismo punto, es necesario definir la fuerza resultante para un análisis biomecánico eficiente. En este caso, ¿qué estrategia es posible utilizar para definir esta fuerza?
    a) Descomposición de vectores y método del paralelogramo, para formar un triángulo equilátero y definir la hipotenusa.
    b) Descomposición de vectores y la ley de acción y reacción, para verificar la dirección de los vectores.
    c) Composición de vectores y ley de Hooke, para calcular la deformación causada por las fuerzas.
    d) Composición de vectores y método del paralelogramo, para proyectar paralelamente los vectores de fuerza, con el fin de formar una estructura cuadrilateral.
    e) Descomposición de vectores y ley de Hooke, para calcular la deformación causada por las fuerzas.

4. El tercer paso para realizar un análisis biomecánico visual es identificar el brazo de torque de la fuerza resistente. El brazo de torque puede definirse como:
    a) La menor distancia entre el eje y la línea de fuerza, en la cual el punto de encuentro forma un ángulo de 90° (perpendicular) con la línea del vector de fuerza.
    b) La menor distancia entre el eje y el vector de fuerza, en el cual el punto de encuentro no forma un ángulo de 90° con la recta del vector de fuerza.
    c) La mayor distancia entre el eje y la línea de fuerza, pudiendo o no formar un ángulo de 90° (perpendicular) con la línea del vector de fuerza.
    d) La menor distancia entre el eje y el plano de movimiento.
    e) La distancia entre el plano de movimiento y el punto de aplicación de la fuerza en la palanca.

5. El último paso del análisis biomecánico visual es el análisis biomecánico propiamente dicho. Analice las siguientes afirmaciones sobre qué es posible interpretar tras el 4º paso:

I. Tras el completo análisis biomecánico visual, es posible sugerir las fuerzas externas que actúan en las palancas corporales (huesos), así como interpretar qué músculos actúan para resistir contra estas fuerzas aplicadas.
II. En el paso 4, es fácil observar si un músculo que controla una articulación necesitará producir más fuerza que otro en otra articulación próxima que actúa en el movimiento.
III. Es posible, tras el 4º paso, interpretar que los ejercicios resultan más fáciles o difíciles a partir de la posición corporal en las ejecuciones de los movimientos y que, de este modo, el profesional podrá orientar al alumno según sus objetivos.

Ahora, señale la alternativa correcta:

a) Las afirmaciones II y III son verdaderas, pero la afirmación I es falsa.
b) La afirmación III es verdadera, y las afirmaciones I y II son falsas.
c) Las afirmaciones I y III son verdaderas, y la afirmación II es falsa.
d) Todas las afirmaciones son falsas.
e) Todas las afirmaciones son verdaderas.

Actividades de aprendizaje

Cuestiones para reflexionar

1. El análisis biomecánico en tres dimensiones proporciona una evaluación más precisa de los movimientos realizados por el cuerpo humano, principalmente cuando se trata de determinación de los valores de las fuerzas aplicadas en las articulaciones. Sin embargo, además de que estos análisis exigen más tiempo para su organización debido a la complejidad de los ajustes de las cámaras, accesorios, etc., los equipos y los *softwares* de análisis en 3D tienen alto valor monetario y, por

lo tanto, no son de fácil acceso. Reflexione sobre la utilización del análisis biomecánico visual en 2D que aprendió en este capítulo y analice las diferentes posibilidades de utilización de esta técnica en su día a día. ¿En qué situaciones los análisis 3D son más indicados y en cuáles resulta más práctico adoptar las evaluaciones en 2D?

2. Es un consenso que todos los ejercicios físicos presentan un beneficio y un riesgo asociados. Muchas veces, el beneficio es alto comparado con los riesgos que este ejercicio puede proporcionar, pero, en otras situaciones, el riesgo es tan alto que debemos evaluar si es una buena opción para los clientes. Teniendo en cuenta esta relación y los diferentes perfiles de clientes, ¿qué ejercicios y, a veces, qué detalles en los movimientos pueden ser considerados de alto riesgo para algunos clientes? ¿Por qué este mismo ejercicio podría ser utilizado con otros clientes? Evalúe ejercicios que algunos atletas tienen que hacer debido a la especificidad del deporte y reflexione sobre la relación de riesgo *versus* beneficios de estos movimientos.

Actividad aplicada: práctica

1. Sirviéndose de una cámara, haga una foto en el plano correcto de cinco ejercicios diferentes y, en la pantalla del celular, de la *tablet* o de la computadora, realice los dibujos de los primeros pasos del análisis biomecánico en 2D – eje, vector(es) de fuerza resistente(s) y brazo(s) de torque. A continuación, sugiera formas de aumentar la dificultad/torque de los ejercicios solamente con la manipulación del brazo de torque en los movimientos.

Capítulo 6

Análisis biomecánico funcional

En este capítulo, abordaremos el análisis biomecánico de diferentes ejercicios bajo una propuesta funcional, es decir, no determinando si un movimiento es bueno o malo, sino para quién, cuándo y cómo puede ser interesante, considerando su funcionalidad ante las demandas de cada cliente.

Esta forma de visualizar el ejercicio permite utilizar nuestra experiencia y, basándose en las individualidades del alumno y en la periodización del entrenamiento, es posible determinar el mejor ejercicio para aquel día de entrenamiento.

Lo que posibilita mayor libertad de elección y una acción independiente de las críticas en relación con un determinado ejercicio, además de la comprensión de los porqués de la predilección por la utilización de un equipo o accesorio.

6.1 Análisis biomecánico de ejercicios monoarticulares: miembros superiores

Anteriormente, ya utilizamos el ejemplo del ejercicio de rosca directa para visualizar algunos detalles del análisis biomecánico. Ahora, presentaremos variaciones de este mismo ejercicio para avanzar en estos conceptos.

6.1.1 Rosca directa o alternada

Es muy común en las salas de musculación que los profesores y *personal trainers* soliciten a los alumnos que mantengan los codos estables durante la realización de la rosca directa. Sin embargo, los motivos de esta indicación, en muchos casos, no tienen una fundamentación lógica y científica, por lo tanto, cabe la sugerencia de que visualicemos de modo diferente lo que ocurre en el movimiento.

Cuando realizamos este ejercicio con mancuernas y con el codo al lado del cuerpo, al estirar totalmente esta articulación, la línea de la fuerza (gravedad) de la mancuerna pasa por encima del eje, no siendo necesaria la fuerza muscular en el bíceps braquial para mantener la mancuerna en esta posición. De este modo, una manera de ofrecer torque a este sistema de palancas es flexionando suavemente el hombro y, por consiguiente, aumentando el brazo de torque para la articulación del codo (Figura 6.1 – posición 2).

Con la amplitud del movimiento, próximo al final de la flexión de codo, la mancuerna tiende a quedarse encima de la articulación y, nuevamente, su línea de fuerza estará muy próxima al eje del codo, reduciendo el brazo de torque y la exigencia de contracción muscular. Así, si ajustamos la posición del codo, llevándolo hacia atrás en esta fase del movimiento, alejaremos el eje de la línea de fuerza, y tanto el brazo de torque como la contracción se harán mayores. El movimiento completo quedaría, como en la Figura 6.1 – posición 1.

Figura 6.1 Sugerencia de rosca directa con mancuernas para mantenimiento del torque durante toda la amplitud del movimiento

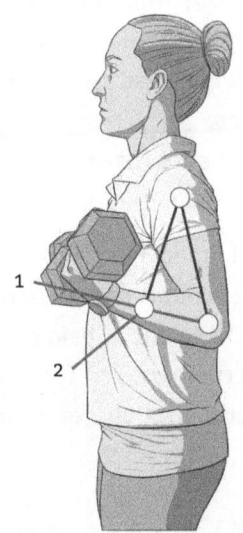

Will Amaro

En general, podemos pensar que hay un riesgo mayor para el hombro, pero si visualizamos la menor distancia entre el eje del hombro hasta la línea de fuerza de la mancuerna (brazo de torque) vamos a advertir que queda pequeña cuando el codo está totalmente flexionado, lo que reduce la sobrecarga en el hombro. Sugerimos, entonces, intentar hacer el ejercicio de esta manera para observar la diferencia. Pero, ¿cuál es el beneficio de mantener el músculo bajo tensión constante durante todo el movimiento? El tiempo bajo tensión muscular asociado a repeticiones lentas (cadenciadas) se postula como una variable importante para la generación de hipertrofia muscular (Fisher; Steele; Smith, 2013). En comparación con un ejercicio con poco tiempo bajo tensión, este tipo de contracción aumentaría, en teoría, el potencial de microtrauma y de fatiga en todas las fibras musculares. Esto parece tener mucha aplicabilidad para la hipertrofia de fibras de contracción lenta, que tienen mayor capacidad de resistencia que las fibras de contracción rápida y, por lo tanto, se beneficiarían por el aumento del tiempo bajo presión (Schoenfeld, 2010).

Otro modo de alcanzar mucho tiempo bajo tensión de este grupo muscular es utilizar una banda elástica, por ejemplo. Sin embargo, algunos profesionales protestan sobre la resistencia y durabilidad de este material, pese a no utilizar estrategias eficientes con este equipo.

Entender las características de este material es fundamental para su utilización adecuada:

- puede impulsar la fuerza hacia todos los sentidos (a diferencia de lo que sucede con una mancuerna);
- tiene poca inercia debido al bajo peso (en comparación con una mancuerna);
- la resistencia aumenta con el aumento de amplitud de movimiento (a diferencia de lo que sucede con una mancuerna).

Pero si el beneficio de una banda elástica es ser diferente de una mancuerna, ¿por qué, a veces, posicionamos en el ejercicio su resistencia simulando una mancuerna? Por ejemplo: en el caso de una rosca directa si ponemos la banda elástica en los pies, la resistencia estará direccionada hacia abajo, imitando la carga gravitacional de la mancuerna. Sin embargo, si posicionamos la banda elástica adelante y la asociamos con una mancuerna, no habrá descanso al final del movimiento de flexión de codo. Esto ocurre porque la asociación de las fuerzas de la mancuerna con la banda elástica proporciona un vector de fuerza resultante inclinado hacia adelante (flecha negra), aumentando el brazo de torque al final de la fase concéntrica y dificultando el ejercicio. De este modo, existirá un estímulo diferente para el bíceps braquial (Figura 6.2).

Figura 6.2 Ejercicio de rosca alternada asociando mancuerna y banda elástica de modo más eficiente

6.1.2 Tríceps con banco y paralelas

Cuando realizamos el ejercicio de tríceps con un banco, el hombro hace una hiperextensión superior a los límites considerados normales (±50°) para la articulación glenohumeral, aumentando el riesgo de lesión en esta posición (Kapandji, 2007). Esta gran extensión se produce porque necesitamos desviar la lumbar del banco, levantando el cuerpo hacia adelante y ocasionando el aumento de la extensión del hombro por esta posición del tronco.

Además de eso, incluso con la gran amplitud del hombro al final de este movimiento, el codo hace una flexión de hasta aproximadamente 90°, imposibilitando la contracción del tríceps braquial en toda la amplitud de esta articulación.

Una opción preferible para evitar el riesgo mencionado es hacer el ejercicio en algún equipo que permita que el tronco baje libremente, como en el tríceps en las paralelas (Figura 6.3) o con el auxilio de dos bancos.

Figura 6.3 Ejercicio de tríceps en las paralelas llevando los codos a la dirección posterior, como si fueran a tocar el banco

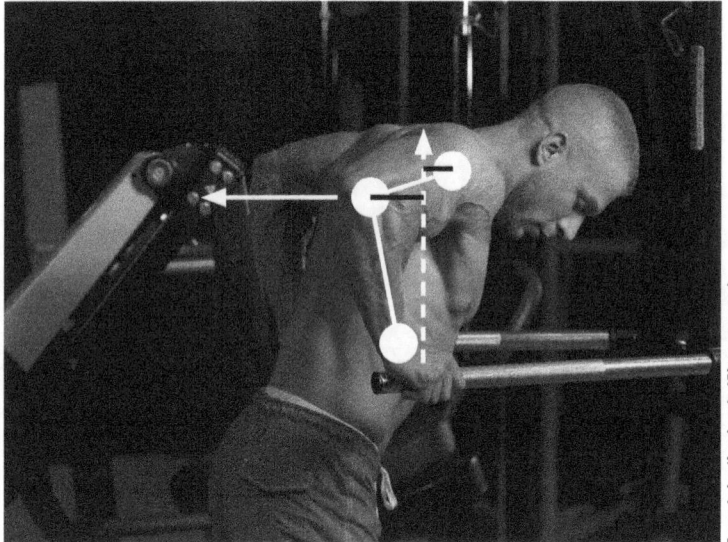

Jasminko Ibrakovic/Shutterstock

Observemos que, sin el banco apoyando la lumbar, hay más libertad para que la pelvis se desplace hacia atrás, y la amplitud entre el húmero y el tronco se reduce, preservando la articulación del hombro.

El plano de este movimiento es el sagital, y los ejes principales son el del codo y el del hombro (esferas blancas). La carga es gravitacional, pero existe la fuerza de reacción que también empuja las manos del alumno hacia arriba. Si lo orientamos para que lleve sus codos hacia atrás, en vez de llevar el hombro hacia adelante, el codo se distancia del vector de fuerza resistente, aumentando el brazo de torque para esta articulación y la exigencia de fuerza muscular en el tríceps braquial. Si se realiza entre dos bancos, es posible mantener los pies en el suelo para auxiliar en el ejercicio.

6.2 Análisis biomecánico de ejercicios multiarticulares: miembros superiores

6.2.1 Desarrollos

Los ejercicios de desarrollo para hombros pueden realizarse con mancuernas, barra u otros materiales. Cuando se realizan con barra, hay muchas dudas entre los profesionales de la salud sobre si es más seguro que se ejecute con la barra pasando por delante del rostro o detrás de la cabeza.

En el Capítulo 4, analizamos dos beneficios que comporta ejecutar movimientos de abducción de hombro, respetando el plano de las escápulas. Por lo tanto, es posible considerar el movimiento pasando la barra por delante del rostro más seguro, pues, naturalmente, este plano es respetado. Con la barra pasando detrás de la cabeza es imposible mantener esta alineación y, además de eso, habrá inclinación de la cabeza en todas las repeticiones, lo que no es aconsejable, considerando la cantidad de horas en posturas inadecuadas diarias en el celular y en la computadora, con la cervical en mala posición. Se cree que, durante los ejercicios orientados, los detalles en la ejecución a largo plazo marcan la diferencia en la salud de los clientes.

Se realiza este ejercicio en el plano oblicuo, una combinación entre plano frontal y sagital por el lugar de los miembros superiores, que están en una posición intermedia entre la flexión y la abducción de hombros (Figura 6.4). Los ejes principales son los del hombro y los del codo y la línea de la fuerza es vertical y hacia abajo; la gravedad actúa sobre la masa de la barra más las anillas. El análisis biomecánico debe realizarse tanto en el plano sagital como en el frontal, y en él observamos que, dependiendo de la apertura de las manos en la barra la línea de la fuerza gravitacional queda más o menos distante de la articulación del hombro, lo que causará dificultades principalmente para los músculos que realizan elevación del húmero (abducción de hombro) cuando los codos estén estirándose. De este modo, queda a nuestro juicio, como profesionales de la salud, elegir el ejercicio según el objetivo del cliente.

Figura 6.4 Ejercicio de desarrollo con barra respetando el plano de las escápulas

Will Amaro

Consideremos también que, cuanto más abierto sea el agarre en la barra, mayor será la fuerza de fricción en las manos. Mientras las manos se esfuerzan para deslizarse hacia afuera en la barra, la fricción las empuja hacia adentro y, por lo tanto, hay dos vectores de fuerza aplicados sobre ellas: uno referente al peso de la barra y otro a la fuerza de fricción. Para determinar el resultado, es posible utilizar el método del paralelogramo (visto en el capítulo anterior), que gráficamente quedará como en la Figura 6.5 que aparece a continuación.

Figura 6.5 Diferencia biomecánica en el ejercicio de desarrollo con barra con diferentes agarres

6.2.2 Remos

En los ejercicios de remos, el plano podrá ser el sagital, transversal e, incluso, frontal en el caso del remo alto. Estamos acostumbrados a pensar que, en estos ejercicios, los músculos más comúnmente activados son los dorsales y el bíceps braquial, influenciados, muchas veces, por libros de cinesiología que relatan que uno de los músculos que hace la flexión del codo es el bíceps. Sin embargo, no somos inducidos a pensar que esta es una condición que depende de la dirección en que se aplica la fuerza resistente en el antebrazo. Por ejemplo, si estamos en pie, con el hombro totalmente flexionado y con el codo estirado, si deseamos hacer la flexión de codo, el músculo responsable será el tríceps braquial en una contracción excéntrica. Eso es así porque el vector de fuerza resistente es la acción de la gravedad actuando sobre la masa del antebrazo, que lo empuja hacia abajo, en la dirección de la flexión de codo.

Es interesante pensar en esta cuestión, porque, durante la orientación de algunos ejercicios de remo, podemos decidirnos por la acción del bíceps o del tríceps braquial para auxiliar en el movimiento. Por ejemplo, en el remo vertical unilateral, también denominado *serrucho*, el plano es sagital, los ejes principales son el del hombro y el del codo y el vector de fuerza resistente es el de la mancuerna (gravitacional). Dependiendo de la dirección en que el cliente haga el remo, si lo hace con la mancuerna yendo en dirección al hombro o a la cadera, habrá mayor activación del bíceps y tríceps braquial, respectivamente (Figura 6.6). Si la mancuerna queda posicionada exactamente por debajo del codo, ninguno de estos dos músculos tendrá la misma activación muscular que realizando la flexión o la extensión del codo en el movimiento.

Figura 6.6 **Ejercicio de remo vertical unilateral y sus variaciones**

Bojan656/Shutterstock

6.3 Análisis biomecánico de ejercicios monoarticulares: miembros inferiores

6.3.1 Silla extensora y silla flexora

Estas dos máquinas están presentes en casi todas las salas de musculación convencionales y, por ello, vamos a hacer un análisis biomecánico incluyendo los equipos.

Existe en el mercado una infinidad de máquinas. Algunas con precio hasta cinco veces superior a otras pero, ¿tiene sentido esta diferencia de precio? Para contestar a esta pregunta, vamos a utilizar la silla extensora de la Figura 6.7. Observe que, cuanto más se extiende la rodilla, menor será la distancia perpendicular del cable (vector de fuerza verde) en relación al eje de la máquina (brazo de torque de la máquina); es decir, la intensidad se va reduciendo proporcionalmente, hasta el final de la extensión de las rodillas, aunque el número seleccionado de barras de hierro sea el mismo.

Comentamos en el Capítulo 1 sobre una situación muscular en que el acortamiento próximo al máximo de las fibras musculares puede generar una insuficiencia activa, principalmente en músculos biarticulares, como el recto femoral. Eso quiere decir que, cuando el recto femoral empieza a tener una dificultad natural para desarrollar fuerza, esta máquina auxilia el movimiento a través de la reducción de su brazo de torque. Obviamente, las máquinas pensadas y proyectadas biomecánicamente costarán mucho más que otras no desarrolladas de esta manera. En las máquinas que no cuentan con el sistema de poleas, que permite la variación de la carga, el final de la extensión de las rodillas es casi imposible de ejecutar, lo que termina reduciendo la amplitud de movimiento de la articulación. Observemos en la sala de musculación en la cual trabajamos o entrenamos si el cable de la máquina está unido a una estructura oval o irregular, denominada *CAM* (*Convergent Arms Moment* – brazo de momento convergente, en traducción libre), que permite que la resistencia sea variable durante el movimiento. Presentar esta característica no es suficiente para garantizar que el equipo sea bueno, pero es el comienzo para dar intensidades correctas al ejercicio y para entender más sobre la biomecánica de los equipos.

Figura 6.7 Ejercicio de extensión de la rodilla en la silla extensora y sus características biomecánicas

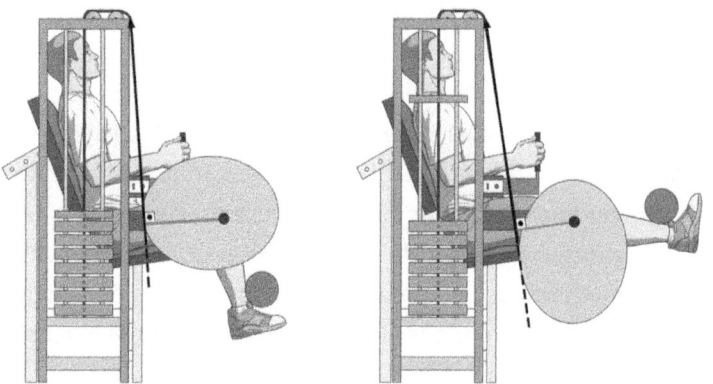

En la silla flexora ocurre lo contrario, la *insuficiencia pasiva*. Al comienzo del movimiento, cuando la rodilla está estirada y la cadera flexionada, la mayoría de las personas siente un estiramiento en el grupo muscular de los isquiotibiales que también es biarticular. En este instante, su capacidad de producir fuerza está naturalmente comprometida y, por lo tanto, una buena silla flexora debe auxiliar al comienzo del movimiento, reduciendo, de algún modo, la fuerza impuesta en este instante del ejercicio.

La mayoría de las máquinas utiliza la polea variable como forma de alterar el brazo de torque en el movimiento, pero evaluemos las máquinas de los lugares donde trabajamos o entrenamos para observar si existe otro mecanismo que esté alterando el torque ejercido por la máquina.

6.3.2 Abducción de cadera

El fortalecimiento del complejo posterolateral de la cadera es muy utilizado como forma de estabilizar esta estructura y, por consiguiente, la articulación de la rodilla, principalmente en personas con quejas de síndrome de dolor patelofemoral (Fukuda et al., 2012). Uno de los ejercicios muy utilizado para ello es la abducción en pie con el auxilio de una *mini band* o del cable en el *crossover*. Cuando la opción sea por la banda elástica, incluso para un cliente mayor, la sugerencia a los profesionales de salud es que compren un material más espeso. Primero porque los clientes con más fuerza y flexibilidad estiran fácilmente este material durante los ejercicios, generando la ruptura de la *mini band*. Segundo porque, incluso con personas mayores o con menos fuerza, podemos utilizar una estrategia biomecánica para reducir el brazo de torque en la utilización de este equipo.

Observe en la Figura 6.8 que, en vez de utilizar la banda elástica en el tobillo del cliente, podemos colocarla muy próxima a la cadera. Eso dependerá del nivel de condicionamiento del cliente y de la intensidad que pretendamos imponer al ejercicio.

El ejercicio de abducción se hace en el plano frontal, y el eje principal es el de la cadera. Con la utilización de la *mini band* o del cable debajo de la polea, el vector de fuerza estará en la horizontal, traccionando la pierna que hará el movimiento. El brazo de torque será la menor distancia de esta línea de fuerza hasta el eje de la cadera, es decir, cuanto más alto esté el cable o la banda esté pegada en la pierna, menor será el brazo de torque y más fácil resultará el ejercicio. Cuanto más distante esté el elástico o el cable de la cadera en el plano frontal (próximo al pie), mayor será el brazo de torque y el esfuerzo muscular para vencer la sobrecarga.

Figura 6.8 Ejercicio de abducción de cadera con la utilización de una banda elástica (*mini band*)

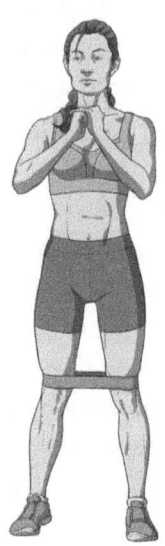

Will Amaro

6.4 Análisis biomecánico de ejercicios multiarticulares: miembros inferiores

6.4.1 Sentadilla

De todos los ejercicios, las sentadillas son las que generan más dudas entre los profesionales. No nos causa extrañeza, porque también es uno de los más prescritos por la funcionalidad para el ser humano y por los buenos resultados, cuando se ejecuta bien.

Una duda que aún persiste entre nosotros, los profesionales, es si la rodilla puede sobrepasar la punta del pie en el movimiento. Sin embargo, antes de visualizar esta articulación, es fundamental que el profesional sea capaz de observar el cuerpo como un todo, al fin y al cabo, durante la sentadilla, la articulación de la rodilla no es la única que está en movimiento.

La composición de las fuerzas gravitacionales que actúan en el cuerpo, asociadas o no a una barra o a otro accesorio, cuando son utilizados, proyectan su masa en dirección al suelo (Figura 6.9). Los pies son la base de apoyo y si esta proyección sobrepasa los límites de la base, el cuerpo se desequilibra en la misma dirección. Así, durante una sentadilla con los pies alineados, proyectamos la cadera hacia atrás y, en contrapartida, inclinamos el tronco hacia delante de modo que exista un equilibrio entre las proporciones corporales. Muchas veces necesitamos proyectar los brazos hacia delante para buscar el equilibrio en la base de apoyo.

Figura 6.9 Proyección del centro de gravedad en la base de apoyo

Podemos observar que, en los ejercicios de sentadilla, el ajuste de una parte del cuerpo puede influir en todas las demás, pues necesitan estar equilibradas en la base de apoyo. Observe en la Figura 6.10 lo que el desplazamiento de la rodilla hacia delante puede generar en relación con el tronco. Observe que la rodilla, cuando se adelanta a la punta del pie, permite que el tronco se quede erecto, debido a que su proyección hacia atrás exige que el tronco se incline, con el fin de equilibrar la masa de la pelvis dislocada en la dirección opuesta. Analizando la incidencia de la carga de la barra sobre la columna, es posible afirmar que, con las rodillas sobrepasando la punta de los pies, los brazos de torque para todas las vértebras son menores, derivando en una menor exigencia muscular de los extensores de la columna para controlarla. Lo contrario ocurre cuando las rodillas no sobrepasan las puntas de los pies y, pese a existir reducción de las fuerzas de compresión en la articulación patelofemoral, habrá mayor compresión en los discos intervertebrales (Hartmann; Wirth; Klusemann, 2013).

Figura 6.10 Diferencias en la sentadilla adelantando o no adelantando las rodillas de las puntas de los pies

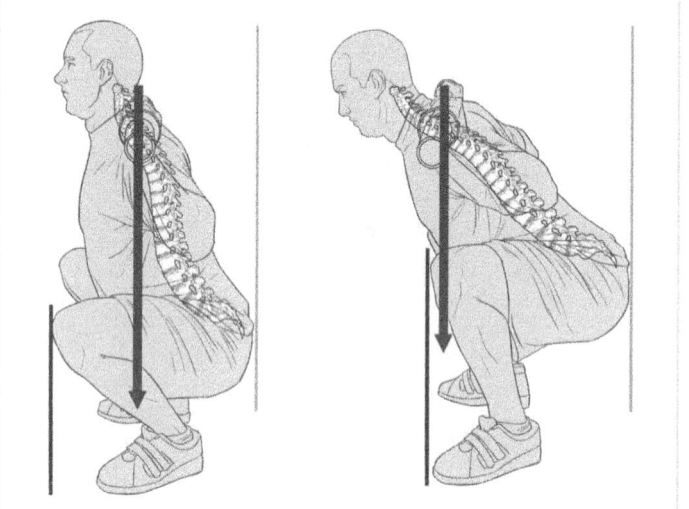

Will Amaro

Estas alteraciones biomecánicas y sus consecuencias pueden ser explicadas en un análisis en los cuatro pasos vistos en el capítulo anterior. El plano de movimiento con los pies direccionados hacia delante y en la anchura de la cadera es el sagital. Los ejes principales son los de la rodilla, los de la cadera y los de la columna vertebral. En la Figura 6.11, se nota que la línea de la gravedad y la fuerza de reacción del suelo contraria a ella (línea discontinua) pasa más cerca o distante del eje de la rodilla disminuyendo o aumentando el brazo de torque y las compresiones en esta articulación.

Eso quiere decir que no existe una manera correcta o equivocada de ejecutar el movimiento de sentadilla, sino una manera más o menos indicada para cada cliente, con sus características y limitaciones específicas. En el caso de que optemos por reducir las cargas compresivas en la columna vertebral, la rodilla recibirá una sobrecarga mayor, y lo contrario también es verdadero.

Figura 6.11 Alteraciones del brazo de torque para la rodilla en las diferentes posiciones de la sentadilla

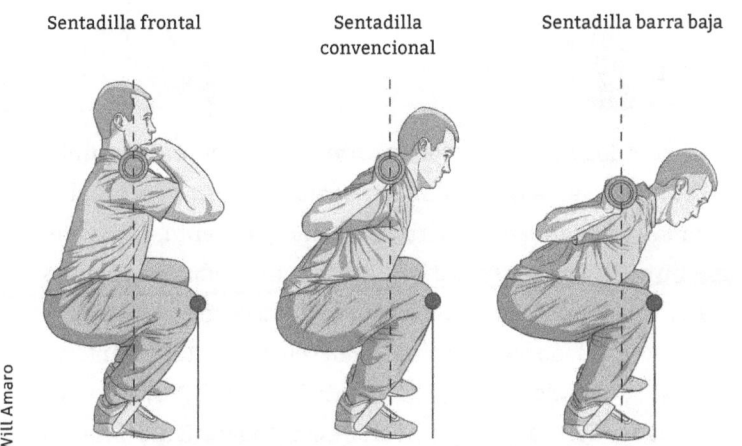

Otra duda frecuente se trata del propósito de utilizar rampa, bajo el talón en la sentadilla. Cuando realizamos una sentadilla con rampa o con los talones elevados, se producen dos alteraciones importantes: la primera consiste en la idea de que, pese a que el ángulo del tobillo sigue siendo el mismo, la tibia se quedará más inclinada anteriormente, como si el tobillo hubiera ganado algunos grados de amplitud. La segunda señala que, además de esta inclinación, la tibia proyectará la rodilla aún más adelante (en relación con la punta del pie), dado que el talón estará algunos centímetros más alto (Figura 6.12).

Figura 6.12 Diferencias en la posición de la tibia y de la rodilla, con y sin la utilización de rampa bajo el talón

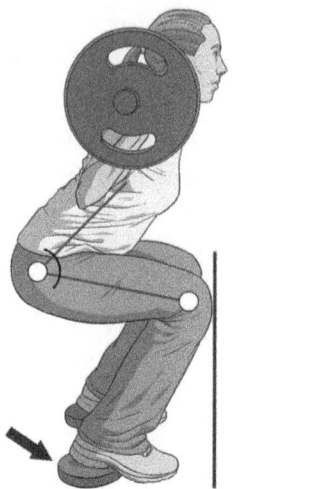
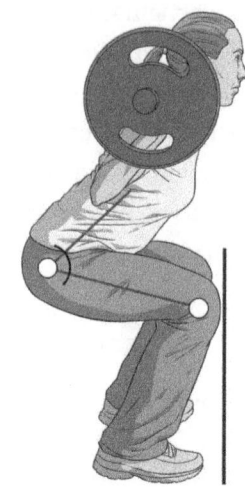

Estas dos alteraciones permitirán un reajuste en el equilibrio del cuerpo y van a posibilitar una sentadilla de mayor amplitud con más facilidad, considerando, principalmente, el mantenimiento neutro de la curvatura de la columna lumbar. Sin embargo, no es plausible que esta rampa se utilice indeterminadamente en la sentadilla, dado que no está presente cuando usted levanta algo que esté en el suelo, para jugar con un niño en cuclillas, entre otras actividades del día a día que necesite este movimiento. Entonces, nuestro papel como profesionales de la salud es encontrar medios y métodos para no utilizar la rampa con los clientes.

Como observamos, la utilización de la rampa influenció activamente la amplitud del tobillo, lo que se refleja en toda la postura corporal. Esta es una articulación fundamental en el ejercicio de sentadilla, pues los pequeños logros en la amplitud del tobillo son capaces de intervenir en todo el equilibrio de las partes corporales que están sobre él. De este modo, utilizar técnicas de aumento de amplitud de movimiento en la articulación del tobillo inmediatamente antes de la sentadilla puede mejorar significativamente la calidad del movimiento. Se trata de una buena práctica para clientes que buscan salud e incluso rendimiento deportivo.

6.5 Análisis biomecánico de ejercicios de tronco

6.5.1 *Crunch* abdominal

El *crunch* abdominal debe ser el ejercicio abdominal más comúnmente prescrito por profesionales de la salud para personas de diferentes niveles de condicionamiento, edad, objetivos etc. Sin embargo, presentamos aquí una visión crítica sobre este movimiento tan ejecutado. Cuando solicitamos al cliente que realice la flexión de tronco, sea en pequeña o gran amplitud, asociada a la flexión de la cadera (cuando apoyamos los codos en las rodillas), la columna realiza un movimiento de flexión (Figura 6.13). Siempre que haya movimiento de flexión de la columna asociado a la contracción muscular de los músculos abdominales, ocurrirá una compresión en la parte anterior de los discos intervertebrales y una tracción de la parte posterior. Esta compresión existe justamente para mantener la integridad de la estructura pese a las fuerzas externas e internas que se le aplican.

Figura 6.13 Ejercicio de *crunch* abdominal realizado con una flexión de la columna vertebral

fotoliza/Shutterstock

En los Capítulos 1 y 3, mencionamos que uno de los mecanismos para aumentar el riesgo de desarrollo de una hernia discal es justamente este: la flexión asociada a grandes sobrecargas, movimientos repetitivos o mantenidos por mucho tiempo en posición inadecuada (McGill, 2002).

Considerando que frecuentemente permanecemos en una posición de flexión de la columna en la mayor parte de nuestra rutina diaria – sentados delante de la computadora, sofá, cine, auto etc. –, es común creer que realizar más ejercicios de flexión, con sobrecarga y gran número de repeticiones, puede aumentar el riesgo de desarrollo de patologías en la columna, principalmente en la lumbar. No es una casualidad que muchos métodos de tratamientos de estas patologías de la columna abarquen, principalmente, movimientos en extensión.

De este modo, una de las instrucciones más importantes que se debe dar a los clientes es la de la conciencia corporal sobre la neutralidad de la columna como un todo y, principalmente, de la lumbar. Y una de las maneras más prácticas de hacerlo es solicitar que el cliente, en decúbito dorsal, mantenga los dedos de las manos entre la lumbar y el suelo. Debe quedar un pequeño espacio o, cuando el cliente realice el ejercicio, no debe presionar esta región contra el suelo, pues esto se caracteriza como una rectificación (flexión) de la región lumbar y la pérdida de la neutralidad.

En esta posición, el cliente puede ser instruido a retirar los pies del suelo y, del mismo modo, no debe advertir aumento de presión en los dedos de las manos. Es de este modo como se indica la realización del ejercicio conocido como *abdominal inferior*. Con las manos aún en esta posición, se solicita que el cliente retire los pies del suelo con las rodillas flexionadas. Esta posición de flexión de las rodillas disminuirá el brazo de torque para la cadera, dejando el movimiento más fácil y, por lo tanto, depende del nivel de condicionamiento de cada uno. Ahora con las piernas sin apoyo, solicitamos que realice la flexión de cadera hasta el instante en que sus dedos no son presionados por la lumbar y luego regrese a la posición inicial. De este modo, el límite de la amplitud del movimiento será este e individualizado, según las características de cada cliente, además de generar reducción de los riesgos para la articulación de la columna.

Con una buena conciencia sobre la posición neutra de la columna podemos pedir que el cliente realice cualquier ejercicio abdominal sin que exista movimiento en esta región. Es evidente que los ejercicios, en su mayoría, serán isométricos, como planchas, ejercicios con rueda abdominal (Figura 6.14) o ejercicios isométricos en posiciones que supongan un desafío pero, pese la limitación de la cantidad de movimientos, la salud de la articulación de la columna estará más preservada.

Figura 6.14 Ejercicio de abdominal con auxilio de una rueda y el mantenimiento de la columna neutra durante la ejecución

Se entiende que esta visión es muy diferente de lo que aprendimos y de lo que realizamos hasta hoy, pero tanto la ciencia como la práctica han demostrado algunos riesgos asociados a estos movimientos en lo que se refiere a la intensidad o al volumen. Podemos preguntarnos también sobre la cuestión estética del abdomen, pero recordemos que la reducción de la grasa abdominal está asociada más a lo que se come que a la realización de ejercicios abdominales. En fin, nuestra área de actuación es dinámica y necesitamos estar atentos a los cambios de paradigmas, lo que hace nuestra profesión más difícil, esencial para los clientes y de un valor incalculable para la salud de todos.

Síntesis

Observar un ejercicio y simplemente clasificarlo como correcto o incorrecto, bueno o malo, es disminuir nuestra infinita posibilidad de actuación con los diferentes clientes y sus objetivos individuales. El buen profesional es el que, distante de las críticas sobre un determinado ejercicio, elige realizarlo con un cliente porque ve en este movimiento una oportunidad de entregar un beneficio, fundamentado en bases biomecánicas y fisiológicas.

Cada cliente es único, y el gran desafío de todos nosotros, los profesionales, incluso en actividades en grupo, es proporcionar eficiencia en la elección y en la ejecución de los ejercicios, de acuerdo con un momento específico del entrenamiento y según las características individuales del cliente, que también tiene un objetivo personal. Asociar todas estas cuestiones no es una tarea sencilla, pero es la que distingue a los mejores profesionales.

Estudiar y conocer el cuerpo de manera integral, así como su interacción con las fuerzas externas, permite entender mejor las dudas sobre las variaciones de ejercicios, utilización de accesorios, límites articulares, entre otras incertidumbres frecuentes cuando el tema es ejercicio físico.

Actividades de autoevaluación

1. Muchas son las posibilidades de generar un estímulo de fuerza diferente al músculo braquial con la manipulación del brazo de torque en el ejercicio de rosca directa o alternada. Sobre el tema, analice las siguientes afirmaciones:

    I. Una de las posibilidades existentes para aumentar el brazo de torque en el movimiento de la rosca alternada con mancuernas es no permitir que la mancuerna quede en la misma línea vertical pasando por encima del eje del codo. Así, es posible mover el codo si el objetivo es aumentar o mantener la tensión muscular del bíceps braquial en el ejercicio.

    II. Una buena posibilidad para aumentar el brazo de torque para el codo con el auxilio de una banda elástica es posicionarla en los pies del cliente. Con la flexión de codo, la línea de fuerza de la banda elástica queda en horizontal y garantiza la tensión muscular durante todo el movimiento.

    III. Cuando utilizamos, en el ejercicio de rosca directa, una mancuerna asociada a una banda elástica, es interesante que este accesorio elástico tenga dirección de fuerza diferente de aquella aplicada por la mancuerna. A pesar de poder utilizarse en los pies del cliente, si la banda elástica está posicionada en el pie, su fuerza tendrá una dirección muy semejante a la de la mancuerna y aumentará la fuerza en vertical. Pero el brazo de torque para la articulación del codo no sufrirá grandes alteraciones.

Ahora, señale la alternativa correcta:

a) Las afirmaciones I y II son verdaderas, pero la afirmación III es falsa.
b) La afirmación I es verdadera, y las afirmaciones II y III son falsas.
c) Las afirmaciones I y III son verdaderas, y la afirmación II es falsa.
d) Todas las afirmaciones son falsas.
e) Todas las afirmaciones son verdaderas.

2. Sobre el ejercicio de sentadilla profunda y la utilización de la rampa en el talón, analice las siguientes afirmaciones y la relación propuesta entre ellas.

I. Muchas personas tienen dificultad para realizar el movimiento de la sentadilla profunda por una serie de factores. Uno de ellos es la baja amplitud de movimiento en la articulación del tobillo, que limita el avance anterior de la rodilla y perjudica el equilibrio corporal en la base de apoyo (pie).

Una posibilidad para conseguir ejecutar el movimiento es, entonces,

II. utilizar la rampa en el talón. Para estas personas con dificultad en la sentadilla profunda, este accesorio permite una mayor libertad de inclinación de la tibia hacia delante, como si el tobillo hubiera ganado algunos grados de amplitud.

De este modo,

III. no es necesario trabajar en el programa de entrenamiento la amplitud de movimiento del tobillo del cliente, pues la rampa siempre estará a su disposición. Además de eso, en el día a día, nunca utilizamos este movimiento de sentadilla profunda.

Ahora, señale la alternativa correcta:

a) Las afirmaciones I y III son proposiciones verdaderas, pero la II no es una justificación correcta para la I.
b) Las afirmaciones II y III son proposiciones verdaderas, pero la afirmación I no es correcta.
c) La afirmación I es una proposición verdadera, pero las afirmaciones II y III son falsas.
d) Las afirmaciones I y II son proposiciones verdaderas, pero la III no es una justificación correcta de la II.
e) Las afirmaciones I, II y III son proposiciones verdaderas.

3. Analice el párrafo siguiente y señale la alternativa que completa adecuadamente los espacios:

Figura A Ejercicio de abducción de cadera con *mini band*

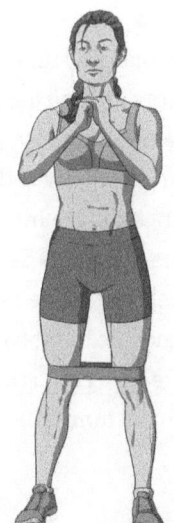

El ejercicio de abducción de cadera con la utilización de la *mini band* se realiza en el plano _____, y el eje principal de este movimiento es el de la _____ con dirección _____. El vector de fuerza de la resistencia de la *mini band* tiene sentido _____, y el brazo de torque será la menor distancia de esta línea de fuerza hasta la cadera. Cuanto más próxima esté la *mini band* del pie, _____ el brazo de torque para la articulación de la cadera.

a) frontal; cadera; anteroposterior; horizontal; mayor.
b) frontal; cadera; lateromedial; horizontal; mayor.
c) frontal; rodilla; anteroposterior; horizontal; menor.
d) sagital; rodilla; lateromedial; horizontal; mayor.
e) sagital; cadera; anteroposterior; vertical; menor.

4. Sobre el ejercicio conocido como tríceps en banco, analice las afirmaciones siguientes y señale la alternativa correcta:

   I. Este es un ejercicio adecuado para un cliente que busca salud. Sencillo de ejecutar y con bajo riesgo articular para el hombro, principalmente si es realizado en grandes amplitudes, al fin y al cabo, normalmente el hombro tiene grados naturales de hiperextensión próximos a 90°.

   II. A pesar de existir un estímulo de fuerza para el músculo del tríceps braquial, también hay una gran exigencia muscular y articular para la articulación del hombro debido a la gran amplitud. Eso debe considerarse para la prescripción de este ejercicio según los objetivos del cliente.

   III. Una posibilidad para evitar la hiperextensión del hombro superior a los grados normales de la articulación es poner dos bancos al lado del cuerpo. De este modo, es posible mantener menor extensión de hombro por la proyección posterior del tronco, lo que dará como resultado un menor riesgo para la articulación del hombro.

a) Todas las afirmaciones son correctas.
b) Las afirmaciones II y III son correctas, pero la afirmación I es incorrecta.
c) La afirmación II es correcta, pero las afirmaciones I y III son incorrectas.
d) Las afirmaciones I y III son correctas, pero la II es incorrecta.
e) Las afirmaciones I y II son correctas, pero la III es incorrecta.

5. Analice las siguientes afirmaciones y señale V para las verdaderas y F para las falsas.

( ) En el ejercicio de extensión de rodilla en la silla extensora, es común que el músculo recto femoral entre en insuficiencia activa al final de la extensión.

( ) En el ejercicio de desarrollo, realizar el movimiento con la barra en la espalda permite el mantenimiento del plano de las escápulas y debe ser utilizado con personas que deseen mejorar la salud.

( ) El conjunto de músculos isquiotibiales entran en insuficiencia activa cuando, en el ejercicio de silla flexora, las rodillas están estiradas.

( ) En la sentadilla, cuanto más sobrepase la rodilla la línea vertical imaginaria posicionada en la punta de los pies, mayores serán las cargas compresivas en la región patelofemoral.

( ) Una manera de disminuir el riesgo articular para la columna al ejecutar un ejercicio abdominal es realizar la plancha ventral solicitando que el cliente permanezca con la columna neutra.

Ahora, señale la alternativa que presenta la secuencia correcta:

a) V; V; F; F; V.
b) V; F; F; V; V.
c) V; F; V; F; F.
d) F; V; V; V; V.
e) F; F; F; V; F.

Actividades de aprendizaje

Cuestiones para reflexionar

1. Al procurar variaciones de ejercicios para los clientes, nos deparamos muchas veces con movimientos muy diferentes de los convencionales. Criticar estos movimientos sin base científica solamente porque se salen del patrón que conocemos, no agrega valor a nuestra profesión, que utiliza el ejercicio como fundamento para crear estímulos, independientemente del movimiento que se esté ejecutando. Reflexione sobre algunas variaciones que son comúnmente criticadas y observe si las críticas tienen base científica o si simplemente cuestionan el movimiento porque salen del patrón común. Utilice las bases biomecánicas para justificar la utilización o no utilización de estos ejercicios.

2. En cada momento que estudiamos y conocemos más el cuerpo humano y sus diversas características, observamos las innumerables posibilidades que aún desconocíamos. La ciencia que estudia el cuerpo, cada día, identifica nuevas posibilidades y, muchas veces, no está de acuerdo con lo que se afirmó en el pasado. Es muy sensato y prudente reflexionar sobre las diversas alternativas pues, si usted afirma con vehemencia alguna situación sin disponerse a lo nuevo, puede estar ignorando otras posibilidades y descubrimientos. Es válido repensar algunas creencias sobre el ejercicio físico e, incluso, sobre frases relacionadas con la ejecución de un ejercicio específico que repetimos en el día a día del trabajo. Observe si estas creencias y frases tienen una buena base científica para que se difundan.

¿Sabríamos explicar, en detalle, qué ocurre en estos ejercicios y cuál es la base biomecánica para dichas afirmaciones?

Actividad aplicada: práctica

1. En un gimnasio o en casa, con los materiales disponibles, realice algunos de los ejercicios propuestos en este capítulo e interprete biomecánicamente las variaciones de estos movimientos. Es probable que se observe lo que ocurre cuando elegimos una posición y no otra, un movimiento y no otro o, incluso que se noten las características biomecánicas del equipo que está ejecutando el ejercicio. ¿Se constataron activaciones musculares distintas? ¿Hay más exigencia de alguna articulación específica? ¿Dolores? La conciencia y la ejecución del movimiento es un paso importante para la prescripción eficiente de ejercicios para nosotros mismos y para nuestros clientes.

Consideraciones finales

Llegamos al final de esta obra con la percepción de cuán vasto es el estudio de la biomecánica y las innumerables posibilidades de análisis de esta área en ejercicios con el peso del cuerpo, con accesorios o máquinas de musculación y en clientes con características o patologías específicas. En todos los movimientos corporales, el conocimiento sobre biomecánica proporciona mayor percepción de los detalles exigidos por cada cliente y por cada individuo.

Abordamos tres núcleos esenciales del cuerpo humano que controlan, producen movimiento y reducen los riesgos, que deben ser entendidos y orientados por los profesionales de la salud en sus propios ejercicios y en la práctica profesional con sus clientes. El profundo conocimiento sobre el *core*, el *hip core* y el *shoulder core* revela cuán fundamental es la orientación de ejercicios por profesionales calificados y cómo la comprensión en la práctica sobre estos núcleos hace que la atención profesional adquiera valor. Los cuatro pasos para visualizar la biomecánica durante las orientaciones de ejercicios sirven como base para la comprensión y los estudios más detallados sobre las fuerzas aplicadas al cuerpo humano y la reacción o la adaptación del cuerpo a todos estos estímulos de fuerza. Sin embargo, la visualización y la práctica constantes son lo que permitirá el dominio de esta técnica y la prescripción de ejercicios con esta base de conocimiento.

Este libro está lejos de registrar verdades absolutas sobre el cuerpo humano y sobre los ejercicios, pero compartir estas informaciones sobre las bases biomecánicas puede auxiliar la comprensión y fundamentación de nuestras elecciones específicas de ejercicios para cada individuo, con determinadas características, para algunos objetivos y en momentos específicos del entrenamiento.

Referencias

ABRAMS, P. et al. The Standardisation of Terminology of Lower Urinary Tract Function. **Scandinavian Journal of Urology and Nephrology**, v. 114, p. 5-19, 1988.

ADAMS, M. A.; DOLAN, P. Recent Advances in Lumbar Spinal Mechanics and their Clinical Significance. **Clinical Biomechanics**, v. 10, n. 1, p. 3-19, 1995.

ADAMS, M. A. et al. Mechanical Initiation of Intervertebral Disc Degeneration. **Spine**, v. 25, p. 1.625-1.636, 2000.

ASHTON-MILLER, J. A.; SCHULTZ, A. B. Biomechanics of Human Spine. In: MOW, V. C.; HAYES, W. C. (Eds.). **Basic Orthopaedic Biomechanics**. 2 ed. Philadelphia: Lippincott-Raven Publishers, 1997. p. 353- 393.

BALKE, M. et al. Correlation of Acromial Morphology with Impingement Syndrome and Rotator Cuff Tears. **Acta Orthopaedica**, v. 84, n. 2, p. 178-183, Abr. 2013.

BANAS, M. P.; MILLER, R. J.; TOTTERMAN, S. Relationship between the Lateral Acromion Angle and Rotator Cuff Disease. **Journal of Shoulder and Elbow Surgery**, v. 4, n. 6, p. 454-461, Nov./Dic. 1995.

BANG, M. D.; DEYLE, G. D. Comparison of Supervised Exercise with and without Manual Physical Therapy for Patients with Shoulder Impingement Syndrome. **The Journal of Orthopaedic and Sports Physical Therapy**, v. 30, n. 3, p. 126-137, Mar. 2000.

BARTON, C. J. et al. Gluteal Muscle Activity and Patellofemoral Pain Syndrome: a Systematic Review. **British Journal of Sports Medicine**, v. 47, n. 4, p. 207-214, Mar. 2013.

BECK, M. et al. Hip Morphology Influences the Pattern of Damage to the Acetabular Cartilage: Femoroacetabular Impingement as a Cause of Early Osteoarthritis of the Hip. **The Journal of Bone and Joint Surgery**, v. 87, n. 7, p. 1.012-1.018, 2005.

BIGLIANI, L. U.; LEVINE, W. N. Subacromial Impingement Syndrome. **J. Bone Joint Surg. Am.**, v. 79, p. 1.854-1.868, 1997.

BØ, K. Pelvic Floor Muscle Exercise for the Treatment of Stress Urinary Incontinence: an Exercise Physiology Perspective. **International Urogynecology Journal and Pelvic Floor Dysfunction**, v. 6, p. 282-291, 1995.

BØ, K. Pelvic Floor Muscle Training is Effective in Treatment of Female Stress Urinary Incontinence, but how does it Work? **Int Urogynecol J.**, v. 15, p. 76-84, 2004.

BØ, K.; TALSETH, T.; HOLME, I. Single Blind, Randomised Controlled Trial of Pelvic Floor Exercises, Electrical Stimulation, Vaginal Cones, and no Treatment in Management of Genuine Stress Incontinence in Women. **BMJ**, v. 318, p. 487-493, Feb. 1999.

BROWNE, A. O. et al. Glenohumeral Elevation Studied in Three Dimensions. **J. Bone Joint Surg. Br.**, v. 72, p. 843-845, 1990.

BUCKWALTER, J. A.; BROWN, T. D. Joint Injury, Repair, and Remodeling: Roles in Post-Traumatic Osteoarthritis. **Clinical Orthopaedics and Related Research**, v. 423, p. 7-16, Jun. 2004.

BURKHART, S. S.; MORGAN, C. D.; KIBLER, W. B. The Disabled Throwing Shoulder: Spectrum of Pathology Part I: Pathoanatomy and Biomechanics. **Arthroscopy**, v. 19, n. 4, p. 404-420, Abr. 2003.

BURN, M. B. et al. Prevalence of Scapular Dyskinesis in Overhead and Nonoverhead Athletes: a Systematic Review. **Orthopaedic Journal of Sports Medicine**, v. 4, n. 2, Feb. 2016.

CHIVERTON, P. A. et al. Psychological Factors Associated with Urinary Incontinence. **Clinical Nurse Specialist**, v. 10, n. 5, p. 229-233, Sept. 1996.

COGGON, D. et al. Occupational Physical Activities and Osteoarthritis of the Knee. **Arthritis and Rheumatism**, v. 43, n. 7, p. 1.443-1.449, Jul. 2000.

COHEN. M.; MOTTA FILHO, G. R. Epicondilite lateral do cotovelo. **Revista Brasileira de Ortopedia**, v. 47, n. 4, p. 414-420, 2012.

COSTA, B. R.; VIEIRA, E. R. Risk Factors for Work-Related Musculoskeletal Disorders: a Systematic Review of Recent Longitudinal Studies. **American Journal of Industrial Medicine**, v. 53, n. 3, p. 285-323, Mar. 2010.

CRESTANI, M. V.; TELOQUEN, M. A.; GUSMÃO, P. D. F. Impacto femoroa-cetabular: uma das condições precursoras da osteoartrose do quadril. **Revista Brasileira de Ortopedia**, v. 41, n. 8, p. 285-293, 2006.

DELAHUNT, E.; MONAGHAN, K.; CAULFIELD, B. Changes in Lower Limb Kinematics, Kinetics, and Muscle Activity in Subjects with Functional Instability of the Ankle Joint during a Single Leg Drop Jump. **Journal of Orthopaedic Research**, v. 24, n. 10, p. 1991-2000, Oct. 2006.

DEYO, R. A.; BASS, J. E. Lifestyle and Low-Back Pain: the Influence of Smoking and Obesity. **Spine**, v. 14, n. 5, p. 501-506, May 1989.

DONTIGNY, R. L. Sacroiliac 101; Form and Function; A Biomechanical Study. **Journal of Prolotherapy**, v. 3, p. 561-567, 2011.

DRAKE J. et al. The Influence of Static Axial Torque in Combined Loading on Intervertebral Joint Failure Mechanics Using a Porcine Model. **Clinical Biomechanics**, v. 20, n. 10, p. 1.038-1.045, 2005.

EHRLICH, G. E. Low Back Pain. **Bull World Health Organ**, v. 81, n. 9, p. 671-672, 2003.

ESCAMILLA, R.F. Knee Biomechanics of the Dynamic Squat Exercise. **Med Sci Sports Exerc**, v. 33, p. 127-141, 2001.

FANTL, J. A.; NEWMAN, D. K.; COLLING, J. **Urinary Incontinence in Adults**: Acute and Chronic Management. Clinical Practice, n. 2, 1996 Update. Rockville: Department of Health and Human Services, Public Health Service, Agency for Health Care Policy and Research, Mar. 1996.

FELSON, D. T. et al. Obesity and Knee Osteoarthritis: the Framingham Study. **Annals of Internal Medicine**, v. 109, n. 1, p. 18-24, July 1988.

FERREIRA FILHO, A. A. Capsulite adesiva. **Revista Brasileira de Ortopedia**, v. 40, n. 10, p. 565-574, 2005.

FIGUEIREDO, E. M. et al. Perfil sociodemográfico e clínico de usuárias de serviço de fisioterapia uroginecológica da rede pública. **Revista Brasileira de Fisioterapia**, v. 12, n. 2, p. 136-142, 2008.

FISHER, J.; STEELE, J.; SMITH, D. Evidence-Based Resistance Training Recommendations for Muscular Hypertrophy. **Medicina Sportiva**, v. 17, n. 4, p. 217-235, Dec. 2013.

FITZ, F. F. et al. Impacto do treinamento dos músculos do assoalho pélvico na qualidade de vida em mulheres com incontinência urinária. **Revista da Associação Médica Brasileira**, São Paulo, v. 58, n. 2, p. 155-159, mar./abr. 2012.

FLATOW, E. L. et al. Excursion of the Rotator Cuff under the Acromion: Patterns of Subacromial Contact. **The American Journal of Sports Medicine**, v. 22, n. 6, p. 779-788, Nov./Dec. 1994.

FORNALSKI, S.; GUPTA, R.; LEE, T. Q. Anatomy and Biomechanics of the Elbow Joint. **Techniques in Hand & Upper Extremity Surgery**, v. 7, n. 4, p. 168-178, Dec. 2003.

FREBURGER, J.K. et al. The Rising Prevalence of Chronic Low Back Pain. **Arch Intern Med**, v. 169, p. 251-258, 2009.

FUKUDA, T. Y. et al. Hip Posterolateral Musculature Strengthening in Sedentary Women with Patellofemoral Pain Syndrome: a Randomized Controlled Clinical Trial with 1-year follow-up. **The Journal of Orthopaedic and Sports Physical Therapy**, v. 42, n. 10, p. 823-830, 2012.

FUKUDA, T. Y. et al. Short-term Effects of Hip Abductors and Lateral Rotators Strengthening in Females with Patellofemoral Pain Syndrome: a Randomized Controlled Clinical Trial. **The Journal of Orthopaedic and Sports Physical Therapy**, v. 40, n. 11, p. 736-742, Nov. 2010.

GANZ, R. et al. Femoroacetabular Impingement: a Cause for Osteoarthritis of the Hip. **Clinical Orthopaedics and Related Research**, v. 417, p. 112-120, Dec. 2003.

GODINHO, G. G. et al. Capsulite adesiva do ombro: tratamento clínico-fisioterápico. **Revista Brasileira de Ortopedia**, v. 30, n. 9, p. 660-664, 1995.

HAENTJENS, P. et al. Meta-analysis: Excess Mortality after Hip Fracture among Older Women and Men. **Annals of Internal Medicine**, v. 152, n. 6, p. 380-390, Mar. 2010.

HAHN, I. et al. Comparative Assessment of Pelvic Floor Function using Vaginal Cones, Vaginal Digital Palpation and Vaginal Pressure Measurements. **Gynecologic and Obstetric Investigation**, v. 41, n. 4, p. 269-274, 1996.

HALL, S. J. **Biomecânica básica**. 6. ed. Rio de Janeiro: Guanabara, 2013.

HAMILL, J.; KNUTZEN, K. M.; DERRICK, T. R. **Bases biomecânicas do movimento humano**. 4. ed. São Paulo: Manole, 2016.

HARTMANN, H.; WIRTH, K.; KLUSEMANN, M. Analysis of the Load on the Knee Joint and Vertebral Column with Changes in Squatting Depth and Weight Load. **Sports Medicine**, v. 43, n. 10, p. 993-1.008, Oct. 2013.

HARTVIGSEN, J. et al. What Low Back Pain is and why we Need to Pay Attention. **Lancet**, v. 391, p. 2.356-2.367, June 2018.

HERTEL J. Functional Instability Following Lateral Ankle Sprain. **Sports Medicine**, v. 29, n. 5, p. 361-371, May 2000.

HEUCH, I. et al. The Impact of Body Mass Index on the Prevalence of Low Back Pain: the HUNT Study. **Spine**, v. 35, n. 7, p. 764-768, Apr. 2010.

HICKEY, D. et al. Scapular Dyskinesis Increases the Risk of Future Shoulder Pain by 43% in Asymptomatic Athletes: a Systematic Review and Meta-analysis. **British Journal of Sports Medicine**, v. 52, n. 2, p. 102-110, Jan. 2018.

HODGES, P. W.; SAPSFORD, R.; PENGEL, L. H. Postural and Respiratory Functions of the Pelvic Floor Muscles. **Neurourology and Urodynamics**, v. 26, n. 3, p. 362-371, 2007.

HUNGERFORD, B.; GILLEARD, W.; HODGES, P. Evidence of Altered Lumbopelvic Muscle Recruitment in the Presence of Sacroiliac Joint Pain. **Spine**, v. 28, n. 14, p. 1.593-1.600, July 2003.

IBRAHIMI-KAÇURI, D. et al. Low Back Pain and Obesity. **Med Arch**, v. 69, p. 114-116, 2015.

KAPANDJI, A. I. **Fisiologia articular**. 6. ed. São Paulo: Guanabara Koogan, 2007. v. 1.

KELSEY, J. L. et al. Acute Prolapsed Lumbar Intervertebral Disc: an Epidemiologic Study with Special Reference to Driving Automobiles and Cigarette Smoking. **Spine**, v. 9, n. 6, p. 608-613, Sept. 1984a.

KELSEY, J. L. et al. An Epidemiological Study of Acute Prolapsed Cervical Intervertebral Disc. **The Journal of Bone and Joint Surgery**, v. 66, n. 6, p. 907-914, July 1984b.

KIBLER, W. B. et al. Clinical Implications of Scapular Dyskinesis in Shoulder Injury: the 2013 Consensus Statement from the 'Scapular Summit'. **British Journal of Sports Medicine**, v. 47, n. 14, p. 877-885, Sept. 2013.

KIBLER, W. B.; SCIASCIA, A. Current Concepts: Scapular Dyskinesis. **British Journal of Sports Medicine**, v. 44, n. 5, p. 300-305, Apr. 2010.

KOESTER, M. C.; GEORGE, M. S.; KUHN, J. E. Shoulder Impingement Syndrome. **The America Journal of Medicine**, v. 118, n. 5, p. 452-455, May 2005.

KROMER, T. O. et al. Effects of Physiotherapy in Patients with Shoulder Impingement Syndrome: a Systematic Review of the Literature. **Journal of Rehabilitation Medicine**, v. 41, n. 11, p. 870-880, Nov. 2009.

LAGE, L. A.; COSTA, R. C.; VILLAR, R. N. A importância do "labrum" acetabular: revisão da literatura. **Revista Brasileira de Ortopedia**, v. 31, n. 10, p. 792-796, 1996.

LAWRENCE, R. L. et al. Comparison of 3-Dimensional Shoulder Complex Kinematics in Individuals with and without Shoulder Pain, Part 1: Sternoclavicular, Acromioclavicular, and Scapulothoracic Joints. **Journal of Orthopaedic& Sports Physical Therapy**, v. 44, n. 9, p. 636-645, Sept. 2014.

LAWRENCE, R. L. et al. Effect of Glenohumeral Elevation on Subacromial Supraspinatus Compression Risk during Simulated Reaching. **Journal of Orthopaedic Research**, v. 35, n. 10, p. 2.329-2.337, Oct. 2017.

LEAL, L.; MARTÍNEZ, D.; SIESO, E. **Fundamentos de la mecánica del ejercicio**. Barcelona: Resistance Institute, 2012.

LECH, O.; PILUSKI, P. C. F.; SEVERO, A. L. Epicondilite lateral do cotovelo. **Revista Brasileira de Ortopedia**, v. 38, n. 8, p. 421-436, 2003.

LIND, B. et al. Normal Range of Motion of the Cervical Spine. **Arch Phys Med Rehabil**, n. 70, p. 692-695, 1989.

LLOYD-SMITH, R. et al. A Survey of Overuse and Traumatic Hip and Pelvic Injuries in Athletes. **The Physician and Sportsmedicine**, v. 13, n. 10, p. 131-141, Oct. 1985.

LUDEWIG, P. M.; REYNOLDS, J. F. The Association of Scapular Kinematics and Glenohumeral Joint Pathologies. **The Journal of Orthopaedic and Sports Physical Therapy**, v. 39, n. 2, p. 90-104, Feb. 2009.

MARSHALL, L. W.; MCGILL, S. M. The Role of Axial Torque in Disc Herniation. **Clinical Biomechanics**, v. 25, n. 1, p. 6-9, Jan. 2010.

MARTIN, R. B. et al. **Skeletal Tissue Mechanics**. New York: Springer, 2015.

MATOS, O. **Avaliação postural e prescrição de exercícios corretivos**. 2ed. São Paulo: Phorte, 2014.

MCCLURE, P. et al. A Clinical Method for Identifying Scapular Dyskinesis, Part 1: Reliability. **Journal of Athletic Training**, v. 44, n. 2, p. 160-164, Mar./Apr. 2009.

MCGILL, S. **Low Back Disorders**: Evidence-Based Prevention and Rehabilitation. Champaign: Human Kinetics, 2002.

MCQUADE, K. J.; DAWSON, J.; SMIDT, G. L. Scapulothoracic Muscle Fatigue Associated with Alterations in Scapulohumeral Rhythm Kinematics During Maximum Resistive Shoulder Elevation. **The Journal of Orthopaedic and Sports Physical Therapy**, v. 28, n. 2, p. 74-80, Aug. 1998.

MICHENER, L. A.; MCCLURE, P. W.; KARDUNA, A. R. Anatomical and Biomechanical Mechanisms of Subacromial Impingement Syndrome. **Clinical Biomechanics (Bristol, Avon)**, v. 18, n. 5, p. 369-379, June 2003.

MICHENER, L. A.; WALSWORTH, M. K.; BURNET, E. N. Effectiveness of Rehabilitation for Patients with Subacromial Impingement Syndrome: a Systematic Review. **Journal of Hand Therapy**, v. 17, n. 2, p. 152-164, Apr./June 2004.

NAVARRO, A. H., SUTTON, J. D. Osteoarthritis IX: Biomechanical Factors, Prevention and Nonpharmacologic Management. **Maryland Medical Journal**, v. 34, p. 591-594, 1985.

NYGAARD, I. et al. Prevalence of Symptomatic Pelvic Floor Disorders in US Women. **JAMA**, v. 300, n. 11, p. 1.311-1.316, Sept. 2008.

PARKINSON, R. J.; BEACH, T.; CALLAGHAN, J. The Time-Varying Response of the in Vivo Lumbar Spine to Dynamic Repetitive Flexion. **Clinical Biomechanics**, v. 19, n. 4, p. 330-336, June 2004.

PICAVET, H. S.; SCHOUTEN, J. S. Musculoskeletal Pain in the Netherlands: Prevalences, Consequences and Risk Groups, the DMC(3)-study. **Pain**, v. 102, p. 167-178, 2003.

PLUIM, B. M. Scapular Dyskinesis: Practical Applications. **British Journal of Sports Medicine**, v. 47, n. 14, p. 875-876, Sept. 2013.

POWERS, C. M. et al. Patellofemoral Kinematics during Weight-bearing and Non-weight-Bearing Knee Extension in Persons with Lateral Subluxation of the Patella: a Preliminary Study. **The Journal of Orthopaedic and Sports Physical Therapy**, v. 33, n. 11, p. 677-685, Nov. 2003.

POWERS, C. M. The Influence of Altered Lower-Extremity Kinematics on Patellofemoral Joint Dysfunction: a Theoretical Perspective. **The Journal of Orthopaedic and Sports Physical Therapy**, v. 33, n. 11, p. 639-646, Nov. 2003.

REINOLD, M. M.; ESCAMILLA, R. F.; WILK, K. E. Current Concepts in the Scientific and Clinical Rationale behind Exercises for Glenohumeral and Scapulothoracic Musculature. **The Journal of Orthopaedic and Sports Physical Therapy**, v. 39, n. 2, p. 105-117, Feb. 2009.

RIBEIRO, R. M.; ANZAI, R. Y.; GUIDI, H. Incontinência urinária de esforço: diagnóstico e tratamento. **Revista Brasileira de Medicina**, v. 47, p. 553-561, 1990.

ROBINSON, R. L.; NEE, R. J. Analysis of Hip Strength in Females Seeking Physical Therapy Treatment for Unilateral Patellofemoral Pain Syndrome. **The Journal of Orthopaedic and Sports Physical Therapy**, v. 37, n. 5, p. 232-238, May 2007.

ROBLING, A. G. et al. Shorter, more Frequent Mechanical Loading Sessions Enhance Bone Mass. **Medicine and Science in Sports and Exercise**, v. 34, n. 2, p. 196-202, Feb. 2002.

ROE, Y. et al. Identification of Relevant International Classification of Functioning, Disability and Health Categories in Patients with Shoulder Pain: a Cross-sectional Study. **Journal of Rehabilitation Medicine**, v. 45, n. 7, p. 662-669, July 2013.

RUBIN, D. I. Epidemiology and Risk Factors for Spine Pain. **Neurologic Clinics**, v. 25, n. 2, p. 353-371, May 2007.

SANKAR, W. N.; MATHENEY, T. H.; ZALTZ, I. Femoroacetabular Impingement: Current Concepts and Controversies. **The Orthopedic Clinics of North America**, v. 44, n. 4, p. 575-589, Oct. 2013.

SCHOENFELD, B. J. The Mechanisms of Muscle Hypertrophy and their Application to Resistance Training. **Journal of Strength and Conditioning Research**, v. 24, n. 10, p. 2.857-2.872, Oct. 2010.

SEITZ, A. L. et al. Mechanisms of Rotator Cuff Tendinopathy: Intrinsic, Extrinsic, or Both? **Clinical Biomechanics (Bristol, Avon)**, v. 26, n. 1, p. 1-12, Jan. 2011.

SMITH, M. D.; RUSSELL, A.; HODGES, P. W. Disorders of Breathing and Continence have a Stronger Association with back Pain than Obesity and Physical Activity. **The Australian Journal of Physiotherapy**, v. 52, n. 1, p. 11-16, 2006.

TANNAST, M.; SIEBENROCK, K. A.; ANDERSON, S. E. Femoroacetabular Impingement: Radiographic Diagnosis – what the Radiologist Should Know. **American Journal of Roentgenology**, v. 188, n. 6, p. 1.540-1.552, 2007.

TASTO, J. P.; ELIAS, D. W. Adhesive Capsulitis. **Sports Medicine and Arthroscopy Review**, v. 15, n. 4, p. 216-221, Dec. 2007.

TERRY, G. C.; CHOPP, T. M. Functional Anatomy of the Shoulder. **Journal of Athletic Training**, v. 35, n. 3, p. 248-255, July/Sept. 2000.

THOMAS, T. M. et al. Prevalence of Urinary Incontinence. **British Medical Journal**, v. 281, n. 6.250, p. 1.243-1.245, 1980.

THOMPSON, J. A.; O'SULLIVAN, P. B. Levator Plate Movement During Voluntary Pelvic Floor Muscle Contraction in Subjects with Incontinence and Prolapse: a Cross-sectional Study and Review. **International Urogynecology Journal and Pelvic Floor Dysfunction**, v. 14, n. 2, p. 84-88, June 2003.

THONNARD, J. L. et al. Stability of the Braced Ankle: a Biomechanical Investigation. **The American Journal of Sports Medicine**, v. 24, n. 3, p. 356-361, May 1996.

TOIVONEN, D. A.; TUITE, M. J.; ORWIN, J. F. Acromial Structure and Tears of the Rotator Cuff. **Journal of Shoulder and Elbow Surgery**, v. 4, n. 5, p. 376-383, Sept./Oct. 1995.

UGA, D.; NAKAZAWA, R. I. E.; SAKAMOTO, M. Strength and Muscle Activity of Shoulder External Rotation of Subjects with and without Scapular Dyskinesis. **Journal of Physical Therapy Science**, v. 28, n. 4, p. 1.100-1.105, Apr. 2016.

URIBE, W. A. J. et al. Tenossinovite de Quervain: uma nova proposta no tratamento cirúrgico. **Revista Brasileira de Cirurgia Plástica**, v. 25, n. 3, p. 465-469, 2010.

VERA-GARCIA, F. J. et al. Effects of Abdominal Stabilization Maneuvers on the Control of Spine Motion and Stability against Sudden Trunk Perturbations. **Journal of Electromyography and Kinesiology**, v. 17, n. 5, p. 556-567, Oct. 2007.

VERA-GARCIA, F. J. et al. Effects of Different Levels of Torso Coactivation on Trunk Muscular and Kinematic Responses to Posteriorly Applied Sudden Loads. **Clinical Biomechanics**, v. 21, p. 443-455, 2006.

VIEIRA, E. R.; ALBUQUERQUE-OLIVEIRA, P. R.; BARBOSA-BRANCO, A. Work Disability Benefits Due to Musculoskeletal Disorders among Brazilian Private Sector Workers. **BMJ Open**, v. 1, n. 1, May 2011.

WHITE, A. A.; PANJABI, M. M. The Basic Kinematics of the Human Spine: a Review of Past and Current Knowledge. **Spine**, v. 3, n. 1, p. 12-20, Mar. 1978.

WILKE, H. J. et al. New in Vivo Measurements of Pressures in the Intervertebral Disc in Daily Life. **Spine**, v. 24, n. 8, p. 755-762, Apr. 1999.

YEUNG, M. S. et al. An Epidemiological Survey on Ankle Sprain. **British Journal of Sports Medicine**, v. 28, n. 2, p. 112-116, 1994.

ZUCKERMAN, J. D.; ROKITO, A. Frozen Shoulder: a Consensus Definition. **Journal of Shoulder and Elbow Surgery**, v. 20, n. 2, p. 322-325, Mar. 2011.

Bibliografía comentada

LEAL, L.; MARTÍNEZ, D.; SIESO, E. **Fundamentos de la mecánica del ejercicio**. Barcelona: Resistance Institute, 2012.

En este libro, los autores tratan la biodinámica de una manera sencilla y muy práctica. Se diferencia de los demás libros de biomecánica con imágenes y abordajes de fácil comprensión y una visión específica de las bases de la mecánica del ejercicio físico, abarcando los fundamentos de las fuerzas, de los sistemas de palancas y de los controles articular y muscular.

HALL, S. J. **Biomecânica básica**. 6. ed. Rio de Janeiro: Guanabara, 2013.

La autora, en este libro, hace un abordaje de conceptos básicos de la biomecánica y avanza hacia conceptos de la física empleados, principalmente, en los deportes y en el alto rendimiento.

HAMILL, J.; KNUTZEN, K. M.; DERRICK, T. R. **Bases biomecânicas do movimento humano**. 4. ed. São Paulo: Manole, 2016.

Este libro presenta una visión abarcadora sobre la mecánica del cuerpo humano, auxiliando a los lectores en la comprensión y la incorporación de estas bases en sus prácticas profesionales.

Soluciones

Capítulo 1
Actividades de autoevaluación
1. c
2. a
3. d
4. a
5. b

Actividades de aprendizaje
Cuestiones para reflexionar

1. Cuando reflexionamos sobre el estudio continuado de la anatomía, observamos que cada detalle del cuerpo humano es fundamental para comprender su interacción con las fuerzas internas y externas. Por lo tanto, la observación de los detalles y el estudio profundizado debe ser un acto diario para comprender el cuerpo humano y sus interacciones.
2. Respuesta personal a partir de la reflexión sobre cuánto ha aprendido de biomecánica durante la lectura del capítulo y su formación académica.

Capítulo 2
Actividades de autoevaluación
1. b
2. a
3. e
4. d
5. a
6. d

Actividades de aprendizaje

Cuestiones para reflexionar

1. No conocemos a ciencia cierta todas las variables que influyen en los dolores de columna lumbar de la población. Pero reflexionar si nuestras prácticas son beneficiosas para los clientes es ventajoso para levantar nuevas hipótesis e investigaciones que profundicen en el conocimiento y en las investigaciones sobre este mal que afecta a gran parte de la población mundial.
2. Observe la importancia de su orientación como profesional de la salud en los detalles de la vida diaria de los clientes. Su orientación en estas posturas diarias puede generar diferentes beneficios, que van más allá de la orientación en la ejecución de ejercicios físicos. Aproveche y oriente a sus alumnos en las posturas diarias para proporcionar más salud a sus vidas cotidianas.

Capítulo 3

Actividades de autoevaluación

1. e
2. b
3. d
4. a
5. a
6. c
7. c

Actividades de aprendizaje

Cuestiones para reflexionar

1. Dado el gran porcentaje de personas afectadas por incontinencia urinaria, principalmente mujeres, observe que su habilidad para hablar sobre el tema con su público es fundamental. Piense en varias formas de abordaje y no dude en hablar con sus alumnos sobre este tema tan relevante para la salud de todos.
2. Respuesta personal a partir de los ejercicios de miembros inferiores que usted utiliza en el día a día. Recuerde los principales movimientos corporales y las características de los ejercicios que más se asocian al choque femoroacetabular y a la condromalacia patelar.

Capítulo 4

Actividades de autoevaluación

1. d
2. b
3. c
4. d
5. c
6. e

Actividades de aprendizaje

Cuestiones para reflexionar

1. Dependiendo de su respuesta personal, conseguirá pensar en la calidad del servicio que recibe en las salas de musculación de su región/ciudad. Si recibió orientación sobre el ritmo escapulohumeral, el profesional que le atendió se preocupa por la salud de su hombro. Sin embargo, si ningún profesor le dio orientación sobre este importante movimiento, observe que hay una gran posibilidad de destacar su actuación con orientaciones de calidad con los clientes de su ciudad/región.
2. Son muchas las variaciones de ejercicios, pero algunas de ellas no presentan una buena relación *riesgo* versus *beneficio*. Comprender que algunas variaciones se relacionan con el desarrollo deportivo y que no necesitan o no deben realizarse con clientes que buscan mejorar la salud es fundamental para que usted tenga una actuación de calidad. Por lo tanto, observe las características y las necesidades de los alumnos y prescriba los ejercicios basados en estas informaciones. No utilice variaciones que científicamente no promueven buenos beneficios y que biomecánicamente se consideran de gran riesgo para las articulaciones.

Capítulo 5

Actividades de autoevaluación

1. c
2. d
3. d
4. a
5. e

Actividades de aprendizaje

Cuestiones para reflexionar

1. Cuando se trata de rendimiento deportivo, en el que cada detalle marca una gran diferencia en el resultado final, la utilización del análisis biomecánico en 3D es muy útil. Este tipo de equipo es muy utilizado en clubs de varias modalidades deportivas o en clínicas especializadas. Comprender el análisis 2D en el día a día del profesional que atiende a personas que buscan mejorar la salud es un gran paso para sugerir y orientar ejercicios con más rapidez y calidad.
2. Muchas veces, confundimos un movimiento que es beneficioso para un atleta y puede ser perjudicial para un cliente que busca mejorar la salud. Comprender las diferencias entre rendimiento y salud es fundamental para que usted elija los ejercicios que son, de algún modo, inteligentes para un cliente profesional en algún deporte y, también, para el cliente que no necesita aumentar el riesgo, pues no tiene el objetivo de ser el primero en una modalidad deportiva.

Capítulo 6

Actividades de autoevaluación

1. c
2. d
3. a
4. b
5. b

Actividades de aprendizaje

Cuestiones para reflexionar

1. Esta reflexión es un proceso individual que depende del sujeto que la realiza. Analice esta cuestión considerando los ejercicios de los cuales ya escuchó críticas y, basándose en el contenido de este libro, piense en las justificaciones plausibles para utilizar o no el ejercicio con sus clientes.
2. ¿Qué frases y creencias están presentes en el día a día de su trabajo? A partir de estas frases, reflexione sobre una respuesta coherente basándose en la biomecánica que fundamente (o no) la afirmación que escucha frecuentemente. Desafíese, piense en otras posibilidades y busque más conocimientos sobre estas cuestiones para su evolución como profesional y para el desarrollo de nuestra profesión.

Sobre el autor

André Albuquerque es licenciado en Educación Física (UFPR – 2006), tiene especialización y maestría por la Universidade Federal de Paraná (UFPR). Su línea de investigación se concentra en la actividad física y salud, con énfasis en la mecánica del ejercicio (biomecánica). Actualmente es ponente nacional e internacional y estudia biomecánica en la práctica, compartiendo sus descubrimientos en cursos, posgrados y, también, en las redes sociales, a través de las cuales, semanalmente, lleva informaciones útiles para profesionales y practicantes de ejercicios físicos.

Idealizador y director de la *Biomekhane*, su misión es transformar la biomecánica en algo asequible y aplicable en el día a día de los profesionales de la salud, enfatizando la valoración de la profesión.

Os papéis utilizados neste livro, certificados por instituições ambientais competentes, são recicláveis, provenientes de fontes renováveis e, portanto, um meio responsável e natural de informação e conhecimento.

Impressão: Reproset
Maio/2022